I E N
Peking
Hoang-ho
Kiau-tschou-B.
Japan
Tokio
Schang-hai
Jang-tse-kiang
China
Kanton
Bonin I.
GROSSER OZEAN
Marianen
Marianen (Ladronen)
Guam z. Ver. St. v. NA.
Marshall Ins.
Jaluit
Philippinen
Bangkok
Me-khong
Yap
Ponape
Karolinen
Kusaie
Palau-I.
Baobeltaob
Bunaj
Sumatra
Singapur
Borneo
Celebes
Admiralitäts-I.
Nauru-I.
Neumecklenburg
Herbertshöhe
Bismarck-A.
Kaiser-Wilhelms-Ld.
Stephansort
Bougainville
Choiseul
Isabella
Salomo-I.
Neu-Guinea
Neupommern
E R
Batavia
Java
Neue Hebriden
Loyalty I.
Amadeus-S.
AUSTRALIEN
N. Eyre-S.
Sydney
Murray
Melbourne
Neu-Seeland
d'sche Gradnetz-
lächentreue wegen
ich zwischen dem
Kolonien.

Eva-Maria Schnurr und Frank Patalong (Hg.)

»Deutschland, deine Kolonien«

Eva-Maria Schnurr und Frank Patalong (Hg.)

»Deutschland, deine Kolonien«

Geschichte und Gegenwart einer verdrängten Zeit

Mit Beiträgen von
Kokou Azamede, Felix Bohr, Jan Friedmann, Johann Grolle, Solveig Grothe, Christoph Gunkel, Ruth Hoffmann, Katja Iken, Harald Justin, Nils Klawitter, Uwe Klußmann, Danny Kringiel, Leonie March, Frank Patalong, Johannes Saltzwedel, Antonia Schaefer, Ulrike Schaper, Eva-Maria Schnurr

Deutsche Verlags-Anstalt

Sollte diese Publikation Links auf Webseiten Dritter enthalten, so übernehmen wir für deren Inhalte keine Haftung, da wir uns diese nicht zu eigen machen, sondern lediglich auf deren Stand zum Zeitpunkt der Erstveröffentlichung verweisen.

Die Texte dieses Buches sind erstmals in dem Magazin »Der deutsche Kolonialismus. Die verdrängten Verbrechen in Afrika, China und im Pazifik« (Heft 2/2021) aus der Reihe SPIEGEL Geschichte erschienen.

MIX
Papier aus verantwortungsvollen Quellen
FSC® C014496

Klimaneutral
Druckprodukt
ClimatePartner.com/14044-1912-1001

Penguin Random House Verlagsgruppe FSC® N001967

3. Auflage 2022

Umschlaggestaltung: Büro Jorge Schmidt, München
Umschlagabbildung: akg-images/DRK GS
Satz: DVA/Andrea Mogwitz
Druck und Bindung: GGP Media GmbH, Pößneck
Printed in Germany
ISBN 978-3-421-07002-9

www.dva.de

Inhalt

Vorwort

Deutschland – eine Kolonialmacht? Wohl die meisten haben Deutschlands Kolonialzeit als weniger wichtige historische Episode verbucht: Man versuchte, mit den großen Kolonialmächten mitzuhalten, aber so richtig klappte das nicht; das Kaiserreich besaß seine Kolonien nur für kurze Zeit, deshalb war das koloniale Abenteuer historisch wenig folgenreich, so das verbreitete Allgemeinwissen. Nicht selten schwingt in populären Darstellungen bis heute verklärende Kolonialromantik mit, wenn es etwa um ehemalige deutsche Kolonien wie Namibia oder Tansania geht.

Wie lebendig diese Sicht auf den deutschen Kolonialismus ist, erleben wir beim SPIEGEL immer dann, wenn wir über Kolonialgeschichte berichten. Jedes Mal erreichen uns erstaunte oder schockierte, bisweilen auch empörte Mails oder Briefe: Die Deutschen seien aber doch im Vergleich zu den großen europäischen Imperialmächten die »freundlichen« Kolonialisten gewesen, sie hätten »weniger schlimm« agiert, heißt es dann oft. Und manchmal kommt auch das Argument, wir hätten doch Straßen und Brücken gebaut und moderne Errungenschaften in die Kolonien exportiert, sozusagen eine Art frühe Entwicklungshilfe geleistet.

Doch dieses Bild der deutschen Kolonialzeit ändert sich gerade, und das aus einem guten Grund: Es ist falsch. Es ist bestenfalls verkürzt, in weiten Teilen aber schlicht erlogen. Die Mär von der zaghaften kleinen Möchtegern-Kolonialmacht, die sich vor Ort zivilisierter betragen hat als andere, fußt auf propagandistischen und entschuldigenden Legenden.

Wahr ist dagegen: Das deutsche Kaiserreich war seit 1884 eine Kolonialmacht. Anfangs vielleicht zögerlich, dann aber nicht weniger gierig und gewalttätig als andere beutete Deutschland die kolonisierten Länder zum eigenen Nutzen aus. Den Menschen in den Kolonien in Afrika, der Südsee oder China begegneten die Invasoren mit rassistischer Überheblichkeit und Brutalität, die selbst vor Völkermord nicht zurückschreckte.

Und schon lange bevor das Kaiserreich Kolonien gründete, waren deutsche Händler und Bürger, Kleinstaaten und Interessengruppen Profiteure des Kolonialismus. Kein Wunder, dass der Wunsch nach Beherrschung ferner Länder nicht von oben aus der Politik kam. Er war in der Gesellschaft tief verwurzelt und wurde von Vereinen und Lobbyorganisationen an Politiker wie Reichskanzler Otto von Bismarck herangetragen.

Dieses Buch zeichnet die Geschichte des deutschen Kolonialismus von den Anfängen nach. In einzelnen Kapiteln erläutern SPIEGEL-Autorinnen und -Autoren die Hintergründe der kolonialen Unternehmungen und erläutern den aktuellen Forschungsstand der Geschichtswissenschaft. Viele Texte nehmen dabei die Perspektive der Menschen aus den kolonisierten Ländern ein: Das Schicksal einzelner Personen und die Schilderungen von Zeitzeuginnen und Zeitzeugen machen deutlich, was die Einheimischen nach der Besetzung ihrer Länder durch die Deutschen erlebten.

In der Gesamtschau wird klar: Die Deutschen profitierten

nicht erst seit 1884 vom Kolonialismus, und der koloniale Gedanke lebte auch nach 1918 fort, als Deutschland seine Überseegebiete an andere Kolonialmächte abtreten musste. Kolonialismus und Imperialismus etablierten ein System globaler Ungleichheit und Abhängigkeit, das bis heute weltweit nachwirkt. Und auch der Rassismus – zugleich Basis des Kolonialismus wie von diesem weiter verstärkt – lebt bis heute fort: Menschen mit Einwanderungsgeschichte erleben ihn in ihrem Alltag in Deutschland immer wieder.

In großen Teilen der Welt hat die »Black Lives Matter«-Bewegung hier eine Sensibilisierung angestoßen, die vielerorts auch eine kritische Positionierung gegenüber der eigenen kolonialen Vergangenheit zur Folge hat. In Deutschland bleibt es in dieser Hinsicht eigentümlich ruhig. Eine gesellschaftliche Auseinandersetzung mit diesem Kapitel unserer Vergangenheit ist deshalb zunehmend überfällig: Der Blick zurück lässt uns auch fortbestehende Missstände erkennen.

Es würde uns freuen, wenn dieses Buch dazu Impulse liefert.

Hamburg, im Frühjahr 2022
Eva-Maria Schnurr und Frank Patalong

Im Goldrausch

Die ersten deutschen Kolonien waren private Unternehmungen: In Venezuela, auch »Klein-Venedig« genannt, hoffte die Händlerfamilie der Welser auf reiche Ausbeute.

Von Antonia Schaefer

Als Ambrosius Alfinger Ende Februar 1529 mit 281 Männern in Caro landete, an der Nordküste des südamerikanischen Kontinents, hatten ihm die Geschichten bereits den Kopf verdreht. Ein Königreich aus Gold erwarte ihn dort, hieß es. Unermessliche Schätze. Ein unentdecktes Land voller Möglichkeiten für den, der sich bloß traute, danach zu suchen. Die mächtige Augsburger Handelsfamilie Welser hatte Alfinger beauftragt, als Gouverneur die Region zu erkunden und vor allem: Gewinne in Form von Metallen oder Edelsteinen nach Hause zu senden.

Die Berichte vom Aztekenreich voller Gold in Mexiko, die seit 1519 in Europa für Furore sorgten, ließen die Welser auf Reichtum hoffen. Als einzige deutsche Handelsfamilie hatten sie 1528 einen Vertrag zur Ausbeutung spanischer Kolonien in Südamerika erhalten. Sie witterten das ganz große Geschäft.

Die sogenannte Welser-Kolonie in der Region, die Klein-Venedig oder auch Venezuela hieß, war eine frühe Stufe des globalen Kapitalismus. Die Handelsfamilie spekulierte auf einen wirtschaftlichen Vorteil durch die Ausbeutung von Bodenschätzen und Arbeitskräften in einem unterworfenen Land. Dabei half ihr ein enger Draht zur politischen Macht.

Die Welser führten spätestens seit Beginn des 16. Jahrhunderts eines der einflussreichsten Kaufmannsimperien in Europa. Sie handelten mit Stoffen und Gewürzen und verdienten mit dem Bergbau; damit galten sie als größte Konkurrenten der ebenfalls in Augsburg ansässigen Fugger, die ihren Reichtum mit Gold- und Silberhandel in Europa begründeten. »Heute sind die Welser etwas in Vergessenheit geraten«, sagt Spencer Tyce, Assistant Professor für Geschichte an der Fairmont State University. »Doch damals waren sie mächtiger als die italienische Medici-Familie.« Der Einfluss der Welser war immens, auch weil sie Karl V., König von Spanien sowie Kaiser des Heiligen Römischen Reichs, immer wieder viel Geld liehen. Mit 1,8 Millionen Dukaten Kredit seien die Welser der größte Kreditgeber des Kaisers gewesen, so Welser-Experte Jörg Denzer – heute könnte das auf Basis des Goldgehalts etwa 300 Millionen Euro entsprechen.

Beste Voraussetzungen also, Profit aus der Beziehung zu schlagen. 1528 schlossen Karl V. und die Welser den Vertrag von Madrid, in dem der Kaiser dem Handelshaus die spanische Kolonie Venezuela als eine Form von Lehen zusprach. Das Gebiet war ziemlich genau abgesteckt: Es reichte vom westlichsten Punkt Cabo de la Vela im heutigen Kolumbien bis Maracapaná, nahe der heutigen Stadt Cumaná im Osten Venezuelas. Nur die Südgrenze war aufgrund fehlender geografischer Kenntnisse nur vage mit »Südmeer« angegeben, wie der Pazifik damals genannt wurde. Demnach hätten die Welser Anspruch auf beinahe den gesamten südamerikanischen Kontinent gehabt – das allerdings war ihnen selbst nicht klar.

Ob Karl V. dem Vertrag zustimmte, weil er bei den Welsern so hoch verschuldet war, ist umstritten. Eine andere Erklärung liegt vielleicht näher: Der Habsburger Herrscher träumte von einem Weltreich, in dem »die Sonne nie untergeht«, wollte die »Neue Welt« erkunden und besiedeln lassen. Für die Finanzierung dieses Unternehmens könnten ihm die Pläne der Welser gerade recht gekommen sein. »Man könnte die Verträge dieser Zeit beinahe mit Franchiselizenzen vergleichen«, sagt Jörg Denzer. »Die Eroberungsunternehmer trugen den Großteil des Risikos, durften aber auch einen Großteil ihrer möglichen Gewinne behalten.« Karl V. musste nicht selbst investieren, konnte aber auf Steuereinnahmen hoffen.

Als Alfinger landete, standen bereits einige Hütten in Coro, einer kleinen Siedlung, die nur knapp zwei Jahre zuvor von den Spaniern gegründet worden war. Viel wird er über das große Gebiet nicht gewusst haben, das er nun besiedeln sollte. »Das Land ist zu heiß und für uns … sehr ungesund«, schrieb ein aus Lindau stammender Bergarbeiter später über das Klima. Er war einer von 50 Kumpeln, die die Welser nach Amerika gebracht hatten. Die Erwartung der Welser war, die erhofften Bodenschätze so schnell wie möglich nach Augsburg zu bringen.

Doch um Coro fanden weder Alfinger noch seine Bergleute die Schätze, nach denen sie suchten. Weder stießen sie auf Gold noch auf Silber oder wenigstens Kupfer, aus dem man immerhin Kessel für die Zuckerrohrplantagen in der Karibik hätte bauen können. Auch ihre Versuche, Gemüse und Getreide anzubauen und Vieh zu weiden, gingen schief: Mit dem feuchtheißen Klima konnten sie nicht umgehen.

Über Alfinger, der in manchen Schriften auch als Ehinger bezeichnet wird, ist wenig bekannt, nur dass er zuvor Abgesandter der Welser in deren Handelsniederlassung in Santo Domingo war, der heutigen Dominikanischen Republik. Er stammte wohl aus dem Raum Ulm. Weshalb gerade er zum ersten Gouverneur des Überseegebiets ernannt wurde? Vermutlich lag es an seinem Handelsgeschick und daran, dass er Spanisch konnte.

Er stabilisierte Coro und reiste an die Westküste des heutigen Maracaibo-Sees, wo er die Stadt Neu-Nürnberg gründete, die heute unter dem Namen Maracaibo als zweitgrößte Stadt Venezuelas bekannt ist. Das war eine der Vorgaben des Madrid-Vertrags: Die Welser sollten in Venezuela zwei Städte mit jeweils 300 Menschen besiedeln und drei Festungen bauen.

Bei seiner Reise traf Alfinger auf einige Indigenenstämme, die ihm Gold als Geschenk überreichten. Doch als Alfinger die Schmuckstücke endlich einschmelzen konnte und ihren Gegenwert errechnete, war er vermutlich enttäuscht: Mit etwa 9590 Pesos hatte das Gold einen äußerst geringen Wert. Im Vergleich zu der Expedition des Spaniers Hernán Cortés, der einige Jahre zuvor in Mexiko die hoch entwickelte Gesellschaft der Azteken unterworfen hatte, war die Bilanz Alfingers miserabel. Weil seine Reise wirtschaftlich ein Desaster zu werden drohte, versklavte sein Eroberungstrupp Indigene und verkaufte sie auf den karibischen Märkten.

Seine Expedition war ein erstes, aber deutliches Signal, dass der Welser-Kolonie keine große Zukunft bevorstehen würde: »Wer Kolonien durch die Geschichte hinweg vergleicht, merkt schnell, dass sie sofort wirtschaftlich ertragreich waren, wo es bereits eine arbeitsteilige Verwaltung oder zumindest ein sozial sehr differenziertes gesellschaftliches System gab«, sagt Bernd-Stefan Grewe, Historiker an der Universität Tübingen. Dort aber, wo Alfinger unterwegs war, gab es, anders als in Mexiko, vor der Ankunft der Europäer keine staatlichen Strukturen, auf die er hätte aufbauen können.

Bartholomäus V. Welser, Familienoberhaupt der Handelsfamilie, dürften diese ernüchternden Nachrichten aus seinem Überseegebiet indes kaum erreicht haben. Informationen gelangten nur auf dem Seeweg nach Europa, mit monatelanger Verzögerung. Und Alfinger wird seine Berichte – wie alle seine Nachfolger auch – geschönt haben, niemand konnte unmittelbar überprüfen, ob ein Gouverneur tatsächlich die Wahrheit schrieb. In Augsburg sah man das Unternehmen ganz offensichtlich positiver, als es tatsächlich war: Die Welser sandten sogar weitere Schiffe, um ihre Investition zu verstärken.

An Bord war Nikolaus Federmann, ebenfalls gebürtig aus Ulm. Er wurde Alfingers Stellvertreter, doch es hielt ihn nicht in Coro. 1530 brach er auf eigene Faust ins Landesinnere Richtung Süden auf. Auch ihn trieb die Hoffnung auf den großen Gewinn.

Wie alle Teilnehmer der Welser-Unternehmung musste er selbst in das Projekt investieren. Denn durch Unterverträge hatten die Welser einen Großteil ihres Geschäftsrisikos auf die eigentlichen Abenteurer abgewälzt.

»Wenn ein Unternehmen wie Siemens heute Mitarbeiter ins Ausland schickt, kann es sich ihrer Loyalität gewiss sein – wegen des Gehalts, der Verträge, der Firmenbindung«, sagt Welser-Experte Jörg Denzer, »die Welser-Abgesandten hatten dieses Treuegefühl nicht. Durch ihr eigenes Investment fühlten sie sich weniger an die Absprachen mit der Familie in Augsburg gebunden.«

Anweisung hin oder her: Das Glück selbst in die Hand zu nehmen war in jedem Fall vielversprechender, als darauf zu warten, dass andere es schon richten würden. Bestimmt hatte Federmann vom mystischen Goldreich El Dorado gehört, das irgendwo im Süden vermutet wurde. Belegt ist, dass er von Coro aus durch dichten Urwald zog, das kleinwüchsige Volk der Ayamanes traf und bis nach Acarigua gelangte. Federmann und sein Gefolge stiegen auf eine Anhöhe und sahen Wasser, soweit das Auge reichte. Im Glauben, das im Vertrag mit dem Kaiser erwähnte »Südmeer« erreicht und damit den gesamten Kontinent erkundet zu haben, kehrten sie um. Sie täuschten sich: Sie waren lediglich an die Llanos, das Grasland Venezuelas, gestoßen. In der Regenzeit verwandelt es sich durch Überschwemmungen in eine riesige Wasserlandschaft.

Federmann kam, wie schon Alfinger, nur mit einigen Goldstücken zurück, die er von Indigenen erhalten hatte. Seine Pflichten in Coro hatte er vernachlässigt. Ob er bei Alfinger in Ungnade gefallen war oder von sich aus entschied, seinen Aufenthalt in Venezuela zu beenden, ist unklar. Jedenfalls segelte er zurück nach Europa.

Doch auch die anderen in Coro hatten sich jetzt mit dem Goldfieber angesteckt. Alfinger brach zu einer weiteren Expedition auf. Sie führte ihn nach Westen, tief in das heutige kolumbianische Andenland. Dort, in den Bergen, lebe ein Volk, das seinen Anführer komplett mit Gold einpudere und über immense Goldschätze verfüge, so sagte man. »Es war ein Phantom, das vor den Spaniern zu fliehen schien und sie gleichzeitig unaufhörlich rief«, charakterisierte Alexander von

Humboldt die wahnhafte Suche nach dem Gold gut 250 Jahre später, er hätte es ebenso gut über die Welser-Truppe sagen können. Der Mythos des El Dorado hat immerhin wohl einen wahren Kern: Unweit vom heutigen Bogotá fanden Bauern 1969 in einer Höhle die Goldplastik eines Floßes. Es soll ein Ritual darstellen, bei dem die Muisca-Indigenen ihre neuen Anführer mit Goldstaub einrieben.

Davon aber sah Alfinger nichts, obwohl er seine Reiter und das Fußgefolge bis an die Grenze der Kraft trieb. Viele von ihnen, vor allem indigene Sklaven, die er zur Reise gezwungen hatte, starben in der Kälte des Andenhochlands. Schließlich, schon auf dem Rückweg, wurde die stark dezimierte Gruppe von Einheimischen überfallen. Alfinger floh in eine Schlucht, wurde dort von einem vergifteten Pfeil getroffen und starb.

Geschichtsschreiber wie Hermann A. Schumacher oder Konrad Haebler heroisierten um die Wende vom 19. zum 20. Jahrhundert Alfingers Tod und stilisierten ihn zu einer wichtigen Figur für die deutsche Geschichte. Ob ihre Beschreibungen Einfluss auf das koloniale Denken im deutschen Kaiserreich hatten, weiß man bis heute nicht genau, einige Forschende vermuten dies aber.

Denn über die Zeit hinweg sei das Welser-Projekt mit unterschiedlicher politischer Absicht immer wieder instrumentalisiert worden, erklärt Spencer Tyce. Anders als Haebler und Schumacher habe etwa der kolumbianische Autor und Journalist Germán Arciniegas die Welser in seinen Schriften der 1940er-Jahre verteufelt. Glaubt man seinen Worten, haben die Welser auf den karibischen Inseln die ersten Konzentrationslager errichtet. »Es war zu dem Zeitpunkt Mode, die Schuld der Deutschen bereits in der frühen Geschichte zu suchen«, sagt Tyce. »Mit Wissenschaft hatte das nichts zu tun.« Dass die Welser die Einwohner Venezuelas schlecht behandelten, ist wahrscheinlich. Ob sie jedoch »weit grausamer und verblendeter als alle ihre Vorgänger« handelten, wie es der Priester Bartolomé de las Casas damals beschrieb, ist heute strittig. Vermutlich waren sie weder brutaler noch sanfter als die spanischen Konquistadoren ihrer Zeit.

Fakt ist: Alfingers Tod muss auch am Hauptsitz der Welser für Unruhe gesorgt habe. Firmenchef Bartholomäus V. Welser hatte immer wieder ganze Schiffsladungen an Männern, Pferden, Bergbauausstattung und Lebensmitteln in die Kolonie geschickt. Doch bis auf einige wenige Goldstücke und Edelsteine waren die erhofften Erträge bisher ausgeblieben. Das waren die Welser nicht gewöhnt, sie gehörten immerhin zu den geschicktesten Händlern ihrer Zeit.

Mit dem Wissen von heute ist klar: Ihre Pläne in Venezuela hatten von Beginn an keine großen Aussichten auf Erfolg. Zwar gibt es heute Gold-, Silber- und Kupferminen in einigen Teilen Venezuelas, doch der Hauptteil der Edelmetalle aus der Neuen Welt stammt aus Peru und Mexiko. In der Region, in der die Welser nach Gold schürften, gibt es nichts. Und über den eigentlich gewinnbringenden Rohstoff Venezuelas, das Erdöl, wussten die Welser zu wenig, um ihn zu nutzen. Ein Prediger, der mit Alfinger reiste, nannte die Stellen, an denen die schwarze Flüssigkeit an die Oberfläche kam, den Eingang zur Hölle. Erst 1539 schickten spanische Kolonialisten ein Fass der mysteriösen Flüssigkeit nach Sevilla.

Um wenigstens irgendwelche Profite aus ihrem Unternehmen zu ziehen, schwenkten die Welser nun verstärkt auf den Sklavenhandel um. Im Vertrag von 1528 hatte Bartholomäus mit Karl V. eine Lizenz für den Verkauf von 4000 schwarzen Sklaven in der Karibik ausgehandelt. Doch die Welser waren unerfahren, und andere hatten den Markt in der Karibik bereits unter sich aufgeteilt.

Konkurrenten torpedierten den Ruf der Augsburger: Die Qualität der Sklaven sei schlecht, wer bei ihnen kaufe, mache kein gutes Geschäft. Bald gaben die Welser den Sklavenhandel auf und beschränkten sich darauf, Einheimische zu versklaven. Sie wurden zu harten Arbeiten herangezogen, bei denen viele starben, oder auf die karibischen Sklavenmärkte verschleppt. Nun mussten die Welser wie auch ihre Subunternehmer vor Ort alles auf eine Karte setzen: Ein wirklich großer Gewinn war nötig, damit die ganze Unternehmung kein riesiges Verlustgeschäft würde. Nur so lässt sich erklären, dass es trotz ausbleibender Gewinne weiterhin zu teuren Entdeckungsreisen kam. 1536 startete Nikolaus Federmann eine neue Erkundung, die ihn bis ins heutige Bogotá, die Hauptstadt Kolumbiens, führte. Doch weil zwei Spanier gleichzeitig mit ihm ankamen, gingen seine Ansprüche als Gründer der Siedlung ins Leere. Der strategisch wichtige Standort entging den Welsern. Bartholomäus V. Welser besann sich auf seine Familie: 1540 entsandte er seinen eigenen Sohn, Bartholomäus VI., auf einen letzten Vorstoß. Gemeinsam mit dem neuen Gouverneur Philipp von Hutten zog der junge Welser im darauffolgenden Jahr los, erneut Richtung Kolumbien. Mit 150 Männern drangen die beiden weit nach Süden vor, weiter als jeder ihrer Vorgänger. Manchen Quellen zufolge erreichten sie sogar die ersten Ausläufer des Amazonas. Doch die Truppe selbst konnte nicht mehr berichten: Huttens Stellvertreter in Coro streute das unbegründete Gerücht, die beiden Deutschen seien Protestanten – und ließ sie unrechtmäßig hinrichten, noch ehe sie nach Coro zurückgekehrt waren.

Die Welser-Kolonie war am Ende. Das muss nun auch Bartholomäus dem Älteren klar gewesen sein. Seit Jahren pumpte er Geld in das Risikoprojekt, und nur ein paar Dukaten waren dabei herumgekommen – Gewinn, der die Kosten nicht im Ansatz deckte. Er konnte sich aber lange nicht eingestehen, dass sein Sohn umsonst gestorben war. Kaiser Karl V. kündigte den Vertrag von Madrid 1546 und stellte die Kolonie unter spanische Verwaltung, doch Bartholomäus prozessierte noch zehn Jahre weiter um seine Ansprüche. Vergebens. Der Ruf der Unternehmerfamilie war beschädigt, und ihr Reichtum bröckelte – rund 100 Jahre später verschwanden die wohl ersten deutschen Global Player in der Bedeutungslosigkeit.

»Die ganze deutsche Gesellschaft profitierte von der Ausbeutung«

Deutschland wurde vergleichsweise spät zur Kolonialmacht. Doch der deutsche Kolonialismus war ebenso grausam wie der anderer Staaten – und er beruhte ebenso auf tief verwurzeltem Rassismus, sagen die Wissenschaftler Sebastian Conrad und David Simo.

Ein Interview
von Uwe Klußmann und Eva-Maria Schnurr

SPIEGEL: *Herr Conrad, Herr Simo, im allgemeinen Geschichtsbewusstsein spielt der deutsche Kolonialismus nur eine geringe Rolle. Kaum jemand weiß, wo Deutschland überall Kolonien hatte. Haben Sie eine Erklärung für die Ausblendung dieses Kapitels deutscher Geschichte?*

Conrad: Eine Erklärung ist das frühe Ende des deutschen Kolonialreichs nach dem Ersten Weltkrieg: Während beispielsweise Frankreich und England weit länger Kolonien hatten und koloniale Kriege führten, schien das Thema in Deutschland beendet zu sein. Das führte zu einer Art von Saubermann-Image beim Thema Kolonialismus, das Teil des deutschen Selbstverständnisses geworden ist.

Simo: Es wird bisher zu wenig beachtet, dass es durchaus eine Kontinuität von Mentalitäten und Denken gibt vom deutschen Kolonialismus über den Nationalsozialismus bis in die Zeit nach 1945. Insbesondere der Nationalsozialismus wird natürlich als fundamentaler Bruch wahrgenommen – dadurch entstand aber indirekt auch der Eindruck, dass Deutschland mit dem Kolonialismus nicht so viel zu tun hatte.

Conrad: Nationalsozialismus und der Holocaust nehmen im deutschen Erinnerungshaushalt seit den Achtzigerjahren eine Sonderrolle ein; im Vergleich dazu schien der Kolonialismus weniger relevant. Das ist sicher eine Besonderheit der deutschen Erinnerungskultur. Hinzu kommt, dass andere ehemalige Kolonialmächte wie Frankreich, Großbritannien oder Belgien immer auch durch die Migration aus den einstigen Kolonien an ihre Vergangenheit gemahnt wurden – ein Teil der Gesellschaft hielt die Erinnerung daran kritisch wach. In Deutschland ist das anders: Als die Migration aus den Kolonien nach Europa nach 1945 richtig einsetzte, hatte Deutschland seine Kolonien längst an andere Kolonialmächte abgegeben. Kamerun beispielsweise war nun französisch – und allein schon aus Sprachgründen zog es Migrantinnen und Migranten daher eher nach Frankreich.

Immer wieder hört man die Behauptungen, Deutschland sei als Kolonialmacht »eher klein« und auch »weniger schlimm« gewesen als andere. Was entgegnen Sie?

Simo: Das stimmt einfach nicht. Der deutsche Kolonialismus war im Vergleich nicht weniger schlimm. Nach dem Ersten

Weltkrieg wurden den Deutschen ihre Kolonien auch deshalb genommen, weil man ihnen vorwarf, sie hätten sie nicht menschenwürdig verwaltet, sondern besonders brutal.

Conrad: Im deutschen Selbstverständnis galt der eigene Kolonialismus schon im 19. Jahrhundert als besonders friedlich. Aber das deutsche Kaiserreich und der deutsche Kolonialismus waren Teil des europäischen Kolonialismus und hatten an dessen Strukturen, auch an dessen Gewaltstrukturen, Anteil. Die Fakten sprechen eindeutig gegen die Behauptung, es sei nicht so schlimm gewesen: In den knapp 30 Jahren formaler Kolonialherrschaft haben die Deutschen drei koloniale Kriege geführt: in China, in Tansania und in Namibia. Im Fall Namibias verübten die Deutschen einen Völkermord, also einen Genozid. Das sieht inzwischen auch der Deutsche Bundestag so.

Simo: Die kolonialen Praktiken waren nicht humaner als in anderen Kolonien. Die deutschen Kolonialherren griffen zu Maßnahmen wie Prügelstrafen oder anderen Quälereien, die in Deutschland selbst bereits verboten waren. Daraus einen höheren Grad von Zivilisiertheit im Vergleich zu anderen Mächten abzuleiten ist abstrus.

Conrad: Als »klein« kann man den deutschen Kolonialismus auch nicht bezeichnen. Die Geschichte des Kolonialismus lässt sich nicht auf Institutionen und formale Herrschaft beschränken, sie ging mit tief verankerten sozialen und kulturellen Einstellungen einher, das hat die neuere Forschung sehr klar gezeigt. Die verschiedenen Kolonialmächte standen eng miteinander in Beziehung. Unter Kolonialismus wird deshalb heute mehr verstanden als nur die tatsächlich beherrschten Territorien. Die deutsche Kolonialpolitik reichte bis in die Levante, ins Osmanische Reich, nach Südamerika.

Begann das deutsche Kolonialzeitalter nicht auch schon im 18. Jahrhundert, als deutsche Geschäftsleute am Dreieckshandel mit Sklaven und Importprodukten aus der Karibik beteiligt waren?

Simo: In der Tat waren die Deutschen schon zur Zeit der Sklaverei präsent in Afrika. Aber sie blieben meist an der Küste, in Festungen. Auch »reisende Forscher« erkundeten Afrika, verfassten Beobachtungen über Menschen, Landschaften und über wirtschaftliche Möglichkeiten. Das war später für die koloniale Organisation von großem Nutzen.

Welche Rolle spielte die christliche Mission?

Conrad: Auch in der Mission waren Deutsche lange tätig, schon bevor es das formale deutsche Kolonialreich gab. Die Mission war anfangs ein gemeinsames europäisches Anliegen. Die Nationalisierung des Kolonialismus setzte erst im späten 19. Jahrhundert ein. Die Mission bereitete der kolonialen Landnahme den Boden – vor Ort, aber auch weil sie die Akzeptanz des Kolonialismus in der deutschen Gesellschaft erhöhte.

Warum haben die Deutschen ihr Kolonialreich erst so spät errichtet? Gab es Gründe für das Zögern, und lag das an Reichskanzler Otto von Bismarck?

Conrad: Die Rolle Otto von Bismarcks sollte man nicht überbetonen. Bismarck wollte zunächst private Handelsgesellschaften fördern. Daraus ergaben sich dann zwangsläufig auch strategische Überlegungen, die Handelsstützpunkte gegen Einheimische und gegen imperiale Konkurrenten zu sichern. Bismarck dachte aber auch nicht antikolonial. Das zeigt die »Kongo-Konferenz«, die er 1885 in Berlin einberufen hat. Dort teilten die kolonialen Mächte Afrika unter sich auf. Die Deutschen lagen mit ihrer Politik im europäischen

Herero-Gefangene, Deutsch-Südwestafrika, um 1904

Trend. Verwunderlich wäre nur gewesen, wenn sie auf Kolonien verzichtet hätten.

Kolonien gehörten damals zu einem Staat dazu?

Conrad: Kolonien verschafften außenpolitisches Prestige. Aber es ließ sich damit auch innenpolitisch trumpfen. Gegenüber der Arbeiterschaft beispielsweise konnte man ablenken von Ausbeutungsverhältnissen. Hinzu kamen wirtschaftliche Überlegungen, die Konkurrenz mit anderen Nationen. Und zuletzt kam der Versuch hinzu, die Auswanderung zu steuern. Allein in den Achtzigerjahren des 19. Jahrhunderts wanderten fast zwei Millionen Deutsche aus, vor allem in die USA. Es gab die Hoffnung, die Auswanderung in die Kolonien zu lenken, damit die Menschen der deutschen Nation nicht verloren gehen. Das war ein nicht zu unterschätzender Faktor.

In der Arbeiterbewegung kam es immer wieder zu Kritik an der Kolonialpolitik, artikuliert vor allem vom SPD-Vorsitzenden August Bebel. Aber zugleich traten auch SPD-Theoretiker wie Eduard Bernstein auf, der behauptete, es könne »nur ein bedingtes Recht« der Afrikaner »auf den von ihnen besetzten Boden anerkannt werden«. Warum war der koloniale Konsens in der Gesellschaft so breit?

Conrad: Man muss unterscheiden zwischen Kritik an besonders brutalen Maßnahmen, wie sie die SPD und auch Linksliberale übten, und einer grundsätzlichen Kritik am System und an der Idee des Kolonialismus. Die Vorstellung, man habe das Recht, andere Völker zu unterjochen, wurde weitgehend als Normalität angesehen.

Simo: Dahinter standen bestimmte Vorstellungen von Menschen, über die Beziehung zwischen Menschen und über die Beziehung zwischen Staaten.

Conrad: Wir dürfen das Wort »Rassismus« hier durchaus verwenden. Ende des 19. Jahrhunderts entstand ein stark biologisierter Rassismus. Bestimmte Gruppen von Menschen erklärte man aufgrund ihrer Herkunft für weniger wert. Das war eng gekoppelt mit der Durchsetzung des Kapitalismus. Beim Rassismus geht es nie nur um Vorurteile, sondern immer auch um eine Rechtfertigung für die asymmetrische Ausbeutung von Arbeitskraft. Seit dem 19. Jahrhundert ist die Wirtschaft zunehmend global verflochten. Große Teile der Weltbevölkerung werden kaum bezahlt oder zur Arbeit gezwungen, und der Rassismus liefert für diesen Zustand eine Legitimation. So profitierte mehr oder weniger die gesamte deutsche Gesellschaft von diesen Ausbeutungsverhältnissen – das erklärt den breiten kolonialen Konsens.

Wie haben die Einheimischen reagiert, als die Deutschen als Kolonialherren ins Land kamen?

Simo: Eine sehr interessante Frage. Einige Forschende vermuten heute, dass die Kolonialverhältnisse ein Missverständnis waren. In Afrika bereiteten oft lokale Potentaten den Kolonialisten den Weg, weil sie Vorteile in der Kooperation suchten. In Kamerun etwa waren die örtlichen Machthaber überzeugt, sie könnten den Einfluss der Kolonialisten begrenzen. Dass sie selbst ihre Macht verlieren würden, haben anfangs nur wenige geahnt.

Conrad: Man sollte sich die Kolonien nicht als geschlossenes Herrschaftsgebiet vorstellen, das zu einem bestimmten Zeitpunkt übernommen wurde. Zu Beginn gab es nur einzelne Stützpunkte. Auch später wurden große Teile des jeweiligen Hinterlands von der kolonialen Macht kaum erfasst, dort gab es nur einzelne Niederlassungen.

Die Forschung spricht von Inseln der Herrschaft – manchmal dauerte es Monate, bis eine Instruktion aus Deutschland per Post ankam. In einige Gebiete durften Deutsche gar nicht reisen, weil die Kolonialverwaltung dort keinen Zugriff hatte, etwa im Norden Kameruns. Es gab große Teile der jeweiligen Bevölkerung, die nie in ihrem Leben einen Europäer zu Gesicht bekommen haben.

Simo: Der Kontakt mag spärlich gewesen sein, aber dennoch war der Kolonialismus für alle einschneidend: Menschen konnten nicht mehr die Routen gehen, die sie vorher gegangen waren, sie konnten ihre Handelsbeziehungen nicht mehr pflegen wie zuvor, weil jetzt andere Maßstäbe galten. Die Tatsache etwa, dass nun die Geldwirtschaft eingeführt wurde, hat diese Gesellschaften grundlegend verändert.

Wie groß waren die Unterschiede in der Politik in den einzelnen Kolonien?
Conrad: Groß – und auch das hing wieder mit dem Menschenbild zusammen. Der Rassismus gegenüber Menschen in Afrika war ein ganz anderer als der gegenüber den Bewohnern Neuguineas und Samoas. Dort sahen die Deutschen sich in einer Rolle des Beschützers eines vorindustriellen Inselparadieses. Noch deutlicher wird das in der kleinen deutschen Kolonie in China: In Tsingtau, heute Qingdao, wurde beispielsweise eine Universität eingerichtet. So etwas gab es in den afrikanischen Kolonien nie. In Deutschland ging man davon aus, dass in China eine zwar etwas heruntergekommene, aber grundsätzlich doch große Zivilisation bestand. Deshalb war man bereit, den Menschen dort eine höhere Bildung zu ermöglichen. In Afrika wurde Bildung hingegen als Gefahr gesehen.
Simo: Die Kolonien wurden auch unterschiedlich regiert. In Kamerun etwa gab es Gebiete, in denen die lokalen Herrscher in die koloniale Regierung einbezogen wurden, die Deutschen regierten dort indirekt – nicht zuletzt, weil das effizienter war. Dennoch gab es Versuche, Richtlinien der Kolonialpolitik von Berlin aus festzulegen, insbesondere nach 1907, als das Reichskolonialamt eingerichtet wurde.

Gab es Widerstand vonseiten der Bevölkerung, und wie äußerte er sich?
Simo: Je stärker die Deutschen ins Land drängten, umso stärker wurde der Widerstand, etwa in Kamerun. Es gab einige Völker, die die Deutschen widerstandslos aufgenommen haben, aber in den meisten Fällen hatten die Leute überhaupt

kein Verständnis für die Präsenz dieser Fremden und versuchten, sie zu bekämpfen. Die Deutschen verfügten über bessere Waffen, und außerdem hatten sie sich auch Armeen aus einheimischen Söldnern zugelegt. Die mussten dann Aufstände ihrer Landsleute niederschlagen.

Conrad: Es gab aber nicht nur bewaffneten Widerstand, sondern auch ganz alltäglichen. Deutsche Beamte und Plantagenbesitzer beschwerten sich immer wieder, dass Afrikaner faul seien. Das zeigt das alltägliche Aufbäumen gegen die Fremdherrschaft: Die Menschen verweigerten sich, soweit sie das konnten. Es gab durchaus Anreize, mit den Deutschen zu kooperieren – aber es gab immer wieder Gründe, das nicht zu tun. Im Alltag sehen wir in den meisten Fällen eine Mischung von beidem.

Zwischen 1904 und 1908 schlugen deutsche Truppen in Namibia gewaltsam einen Aufstand von Herero und Nama nieder. Deutschland hat bisher keine Entschädigung gezahlt, immer wieder wurde bestritten, dass es sich wirklich um einen Völkermord gehandelt habe. Wie sehen Sie das?

Simo: Ich wundere mich sehr über diese Diskussion. Was soll es anderes gewesen sein als ein Genozid? Was bedeutet dieses Wort, wenn nicht die teilweise Auslöschung bestimmter Völker? Alle Dokumente, die verfügbar sind, und alle Nacherzählungen, die es gibt, zeugen deutlich davon, dass die Deutschen Herero und Nama auslöschen wollten. Dass einige überlebt haben, verdanken sie purem Glück.

Auch in China begingen deutsche Soldaten bei der Niederschlagung des »Boxeraufstands« in großem Umfang Verbrechen an der Zivilbevölkerung.

Conrad: Ursache dieser Gewalt waren überall der damals verbreitete Rassismus und der sozialdarwinistische Konsens, die

Vorstellung vom Überlebensrecht des Stärkeren. Gewalt erschien dann als legitimes Mittel, die eigenen Interessen durchzusetzen.

Dabei sollte Tsingtau eine »Musterkolonie« sein.

Conrad: Das bezog sich aber nie auf den Umgang mit den Menschen, sondern auf die technologisch moderne Infrastruktur, die geplant war.

Simo: Auch Togo wurde als »Musterkolonie« bezeichnet. Da galten wieder ganz andere Kriterien, nämlich die Frage, wie viel es Deutschland koste, eine Kolonie zu errichten. Togo sollte eine besonders effiziente und günstige Kolonie werden – in dieser Hinsicht mustergültig.

Heute noch ist das Argument zu hören, dass die Kolonialzeit zur Entwicklung von Ländern insbesondere in Afrika beigetragen habe, angefangen bei Infrastruktur und Verwaltung. Wie beurteilen Sie das?

Simo: Schon auf der Berliner Konferenz von 1885 wurde dieses Argument vorgebracht. Die europäischen Staaten behaupteten, dass sie den Afrikanern zivilisatorisch helfen wollten, auf der Höhe der Zeit zu sein. Fakt ist aber, dass die Europäer die moderne Technologie brauchten, um die Kolonien besonders gründlich ausnutzen zu können.

Conrad: Es ist das gleiche Argument wie: Hitler hat doch auch die Autobahnen gebaut. Natürlich konnten postkoloniale Gesellschaften teilweise auf die Infrastruktur aufbauen, die ursprünglich zur Ausbeutung geplant worden war. Aber wenn man sich die von den Deutschen gebauten Eisenbahnlinien anschaut, dann sieht man: Es ging nicht um die Erschließung des Landes, sondern nur darum, Rohstoffe möglichst rasch an die Küste zu bringen, um sie in den Weltmarkt einzuspeisen.

Deutsche Polizeibeamte heben Rekruten für die örtliche Polizeitruppe aus in Lomé, Togo, 1913.

Es fällt schwer, sich vorzustellen, dass mit dem Verlust der Kolonien im Ersten Weltkrieg auch das koloniale Denken endete. Eine ganze Generation war doch damit aufgewachsen!

Simo: Nach dem Ersten Weltkrieg endete das koloniale Denken weder in Deutschland noch in vielen anderen Ländern – zumal ja viele Staaten weiterhin Kolonien hatten und auch Deutschland weiter in diese koloniale Wirtschaft involviert war. Die Idee der Kolonisation war auch über den Ersten Weltkrieg hinaus sehr präsent.

Die Nationalsozialisten griffen den Kolonialgedanken 1920 in ihrem Parteiprogramm wieder auf. Ihnen ging es um »Lebensraum« im Osten Europas und die Zerschlagung der Sowjetunion. Knüpfte der Vernichtungskrieg der Nazis in Osteuropa an den Kolonialismus an?

Simo: Schon beim Kolonialismus in Afrika ging es um Lebensraum auf Kosten anderer Völker. Die Kolonien wurden immer als ein Spezialraum gesehen, wo man jenseits aller europäischen Werte handeln konnte. Wenn man sich an bestimmte Grausamkeiten gegenüber Menschen gewöhnt, dann ebnet es den Pfad zu noch mehr Brutalität. Es gibt durchaus Afrikaner, die überzeugt sind, die Kolonisation habe Hitler erst möglich gemacht. Und es gab dann ja auch einige Männer, wie Franz Ritter von Epp und Paul von Lettow-Vorbeck, die ihre Erfahrungen in den Kolonien sammelten und später an der Seite der Nazis standen.
Conrad: Ich wäre da vorsichtig. Von den Massakern in Namibia zum Völkermord in der Ukraine und Russland gibt es keine gerade Linie – die Nationalsozialisten setzten nicht einfach den alten Kolonialismus fort. Trotzdem ist es produktiv, auch die Ostexpansion der Nazis im kolonialen Rahmen zu verstehen. Nur hat sich die koloniale Praxis in der Zwischenkriegszeit sehr verändert: Nun ging es noch stärker darum, sich ein Hinterland zu verschaffen, um im Wettstreit der Weltmächte zu bestehen. Deshalb sehe ich eher Ähnlichkeiten mit Versuchen der USA, in Mittelamerika Fuß zu fassen, und mit der Expansion Japans in anliegende Regionen.

Wie betrachtet man heute in Afrika die öffentliche Diskussion in Deutschland über die koloniale Vergangenheit?
Simo: Man ist teilweise verwundert, dass manche Erkenntnisse erst recht spät und offenbar nur mit Mühe ankommen. Aber zugleich ist man sehr interessiert zu sehen, dass es eine Gruppe von jungen Forschenden gibt, die ganz konsequent den Weg der kritischen Aufarbeitung gehen. Doch in Presse und Öffentlichkeit ist das Thema immer noch unterrepräsen-

tiert. Warum gab es erst 2017 die erste große Ausstellung zum deutschen Kolonialismus im Deutschen Historischen Museum? Warum gibt es erst jetzt Debatten um Straßennamen und koloniale Denkmäler? Es ist schon sehr erklärungsbedürftig, warum das so lange gedauert hat.

Conrad: Verwunderlich ist ja auch, dass die Debatte, wenn man sie denn führt, häufig auf die Vergangenheit beschränkt bleibt. Man spricht über Straßennamen und Rassismus gegenüber den Herero in einem Krieg, der über 100 Jahre her ist. Aber kaum jemand bringt das mit dem alltäglichen Rassismus zusammen, der zu dem Anschlag in Hanau im Februar 2020 geführt hat, bei dem ein Rassist zehn Menschen ermordete. Die koloniale Vergangenheit wirkt bis in die Gegenwart weiter. Wir müssen über strukturellen Rassismus reden und darüber, dass die Ausbeutung der Kolonien letztlich die Moderne und den Kapitalismus begründet hat. Und weil wir weiterhin in diesen Wirtschaftsstrukturen leben, setzt sich auch der strukturelle Rassismus bis heute fort.

Wie beurteilen Sie die deutsche Haltung in Bezug auf die Entschädigungsforderungen von Herero und Nama in Namibia? Bisher gibt es ja keine Bereitschaft zu Zahlungen.

Simo: Ich habe mein Problem mit der Idee von Entschädigung. Sie suggeriert, dass man durch Geld vergangenes Unrecht tilgen könnte. Die Diskussion ist wichtig, um deutlich zu machen: Da haben Leute im Namen des deutschen Staates gehandelt. Und der deutsche Staat kann nicht so tun, als hätte es das nie gegeben. Aber ob es darüber hinaus noch Entschädigungszahlungen geben sollte? Ich bin da skeptisch.

Conrad: Die deutsche Haltung ist sicher nicht nur von der Frage der Moral geprägt, sondern auch von der internationalen Situation. Es gibt seitens anderer ehemaliger Kolonialmächte und der USA kein Interesse, dass ein Land vorprescht und den Kolonialismus gewissermaßen mit Ablasszahlungen wiedergutmachen möchte. Daran hängt ja noch eine viel größere Diskussion, nämlich eine Art von Wiedergutmachung gegenüber Nachfahren versklavter Menschen. Ich bin gespannt, wo die Debatte noch hinführt. Vor 30 Jahren hätte ja auch niemand für möglich gehalten, dass darüber überhaupt diskutiert wird oder dass der Bundestag bei Namibia von einem Völkermord spricht.

Ein anderes brisantes Thema sind die Kunstgegenstände, die in den Kolonien geraubt wurden und heute in deutschen Museen stehen.

Simo: Ich habe dazu eine radikale Position. Ich bin der Ansicht, dass nichts zurückgegeben werden soll. Die Beutekunst sollte ein Kainsmal der Europäer bleiben. Gibt man das Geraubte zurück, dann kann das auch die Erinnerung an den Raub tilgen. Selbstverständlich muss über die Eigentumsrechte diskutiert werden, sie müssen möglicherweise an eine dafür geschaffene Institution übertragen werden. Wichtig ist, dass bei Ausstellungen die Geschichte der Gegenstände dargestellt wird.

Conrad: Ich nehme an, das Ägyptische Museum in Berlin könnte mit einem kleinen Kainsmal für die Nofretete ganz gut leben … Ich halte die Frage des rechtlichen Eigentums für zentral – was ja nicht ausschließt, dass die Gegenstände, zumindest temporär, weiterhin in Europa ausgestellt werden. Die Forderung nach Rückgabe ist nicht zuletzt deshalb so vehement, weil sie vor dem Hintergrund der grundlegenden Asymmetrien der Weltordnung formuliert wird. Unter den gegebenen Umständen mag eine Rückgabe daher nicht mehr als Symbolpolitik sein, aber auch die ist politisch durchaus wirkungsvoll.

Es ist hoch spannend, Ihre unterschiedlichen Perspektiven zu hören. Ist der Dialog zwischen Wissenschaftlerinnen und Wissenschaftlern aus den ehemaligen Kolonien und den europäischen Ländern eigentlich gut etabliert, oder muss er noch intensiver werden?

Simo: Mit manchen Kollegen gibt es persönliche Kontakte. Aber im Allgemeinen herrschen auch im akademischen Bereich dieselben Asymmetrien wie in anderen Bereichen.

Conrad: Auch in der Wissenschaft sind die Ressourcen sehr ungleich verteilt. Das macht es schwieriger, als es sein müsste.

Sebastian Conrad ist Professor für Neuere Geschichte an der FU Berlin. Er forscht zur Global- und zur Kolonialgeschichte. Für die Reihe Beck Wissen verfasste er den Band über deutsche Kolonialgeschichte.

David Simo leitete das Philologische Institut der Universität von Yaoundé, Kamerun, und lehrte unter anderem an der Universität Leipzig. Der Germanist forscht zum Postkolonialismus und zur interkulturellen Germanistik.

Sklavenhändler zur Untermiete

Das Kurfürstentum Brandenburg verdiente im 17. Jahrhundert am Sklavenhandel – mithilfe einer eigenen Kleinkolonie.

Während schwedische Truppen im Dreißigjährigen Krieg seine Heimat Brandenburg verwüsteten, weilte der spätere Kurfürst Friedrich Wilhelm in den sicheren Niederlanden und träumte von Kolonien. Er besuchte dort die Universität und lernte das Schiffsbauhandwerk, am meisten interessierte ihn aber, wie dieses kleine Land durch Seehandel und Besatzungszüge zu einer führenden Handelsmacht geworden war. Er war entschlossen, diesem Beispiel zu folgen und am Welthandel teilzunehmen.

Nachdem Friedrich Wilhelm 1640 die Regierung übernommen hatte, stand er gleich vor mehreren Problemen: einem durch den langen Krieg verwüsteten Land, kaum geeigneten Häfen und so wenig Geld, dass er den Dänen nicht mal einen Stützpunkt in Südindien abkaufen konnte, was ein Berater empfohlen hatte.

Von seinen großen Plänen ließ er dennoch nicht ab: Der Kurfürst betrieb, wie der Publizist Sebastian Haffner schrieb, Großmachtpolitik, ohne Großmacht zu sein. Mit der Stadt Emden gelang es, einen Schifffahrtsvertrag zu schließen, und mithilfe des niederländischen Reeders Benjamin Raule stockte Brandenburg seine Flotte auf 28 Schiffe auf.

Die erste Afrikaexpedition erfolgte 1680, maßgeblich finanziert von niederländischen Kaufleuten. An der westafrikanischen Küste im heutigen Ghana entstand die erste brandenburgische Kolonie mit der Festung Groß-Friedrichsburg, in deren Resten man heute noch übernachten kann. Friedrich Wilhelm gab seinen Seefahrern auf, ihm einige Affen und Papageien mitzubringen und »ein halbes Dutzend schöner und wohlgestalteter Mohren von vierzehn, fünfzehn oder sechzehn Jahren«. In einer Order vom Dezember 1680 wurde den Brandenburgern gestattet, an die afrikanischen Küsten zu fahren und dort Sklaven, Gold und Elefantenzähne zu kaufen.

Der Große Kurfürst avancierte zum ersten bedeutenden deutschen Sklavenhändler: Mittels der 1682 gegründeten »Brandenburgisch-Afrikanischen Compagnie« wurden in den folgenden Jahrzehnten etwa 30 000 Afrikaner in die Karibik verschleppt. Während der Transporte starben bis zu 40 Prozent von ihnen, schreibt Ulrich van der Heyden in seinem Buch »Rote Adler«. An der Menschenhandelskompanie beteiligte sich auch das Kurfürstentum Köln.

Was den Brandenburgern weiter fehlte, war eine komplementäre Kolonie in der Karibik zum Verkauf oder Einsatz der Versklavten. Nach längerem Suchen einigte man sich mit den Dänen darauf, quasi als Untermieter Flächen auf der Insel St. Thomas zu nutzen. Dauernder Konfliktstoff wurde die vertragswidrige Piraterie der Brandenburger vor der Küste der Insel, die Dänen beklagten zudem die Abholzung durch die Deutschen und prozessierten gegen sie. Friedrich Wilhelms Leute versuchten in der Folge, auf andere Inseln auszuweichen, doch entweder eigneten die felsigen Eilande sich nicht zur Besiedlung, oder die Brandenburger Besatzer wurden von alteingesessenen Großmächten wie England wieder vertrieben, etwa von Tobago.

Durch Verwicklung in die Pfälzischen und Spanischen Erbfolgekriege verlor die Brandenburger Kompanie Schiffe, bald konnte sie keine Steuern mehr zahlen. 1738 wurde ihr letztes Hab und Gut versteigert. Das Land, dem es nicht gelungen war, an eine Zuckerkolonie zu kommen, zeigte bald allerdings, dass es keine brauchte: 1747 wies der preußische Chemiker Andreas Sigismund Marggraf nach, dass Zucker auch aus Rüben zu gewinnen ist.

Nils Klawitter

Wie Deutsche die Sklaverei finanzierten

Berühmte Dynastien und vermeintlich ehrbare hanseatische Kaufleute waren schon früh in das Geschäft mit Menschen verstrickt.

Von Nils Klawitter

Am 10. September 2006 wurde in Hamburg die Bronzeplastik eines Mannes eingeweiht, der als einer der größten Sklavenhändler seiner Zeit galt: Heinrich Carl von Schimmelmann (1724 bis 1782). Warnungen und Proteste schlug der zuständige Bezirksamtschef Gerhard Fuchs (CDU) in den Wind. Schimmelmann, so war auf einer kleinen Erklärtafel zu lesen, habe die »wirtschaftliche Stärke« des Stadtteils Wandsbek begründet. Es gehe nicht um eine Verherrlichung, ließ Schimmelmann-Fürsprecher Fuchs wissen, sondern um »historische Aufarbeitung«.

Dafür waren auf der Denkmaltafel zwölf Zeilen Platz. Schimmelmanns Wohltätigkeit wurde erwähnt und das durch ihn ermöglichte Erblühen Wandsbeks, und kurz ging es auch um den »Dreieckshandel«: Schimmelmann lieferte Stoffe, Schnaps und Gewehre nach Afrika und tauschte die Waren vor Ort gegen Sklaven ein, die er in die Karibik verschiffte. Vom Erlös kaufte er dort Erzeugnisse wie Zuckerrohr und Baumwolle, womit er in die Heimathäfen zurückkehrte. Diese Geschäfte machten ihn zu einem der reichsten Europäer.

Vier große Baumwoll- und Zuckerrohrplantagen auf den Karibikinseln St. Croix und St. Thomas (damals Dänisch-Westindien, heute die Amerikanischen Jungferninseln) besaß Schimmelmann selbst. Er hatte sie dem dänischen König abgekauft, dem er als Finanzberater und Schatzmeister diente. Etwa 1000 aus Westafrika verschleppte Menschen arbeiteten dort für den Unternehmer. In ihre Haut hatte er oberhalb der Brust seine Initialen BvS für Baron von Schimmelmann einbrennen lassen.

Zwei Jahre dauerte es, bis die CDU den Denkmal-Fehltritt einsah und die Bezirksversammlung im Jahr 2008 beschloss, das Kunstwerk abzubauen. Schimmelmanns Büste lagert seither im Wandsbeker Bezirksamt.

Der Mythos der ehrbaren hanseatischen Kaufleute jedoch lebt weiter fort. Am Sklavenhandel seien sie nie beteiligt gewesen, attestierten Historiker lange Zeit. Das sei das Werk von Portugiesen, Spaniern, Holländern und Engländern gewesen. Dabei hätte man es schon seit Ende der Fünfzigerjahre besser wissen können. Schon damals gab es erste Arbeiten über die direkte Beteiligung norddeutscher Reeder und Kapitäne am Sklavenhandel.

Schimmelmann, für den auch die Altonaer Reederei Hinrich van der Smissen & Söhne fuhr, belieferte Adelshäuser sogar mit sogenannten Kammermohren. Der dänische König wünsche zwei schöne Jungen im Alter von vier und acht Jahren, schrieb er seinem Neffen, der in der Karibik für ihn die Geschäfte führte. Auch mit seinem eigenen afrikanischen Diener ließ er sich porträtieren.

Mehr als 200 Porträts solcher »Hofmohren« hat ein Forscherteam um die Bremer Historikerin Rebekka von Mallinckrodt für ein Projekt zu Sklaven im Heiligen Römischen Reich in Archiven entdeckt. Ihre reale Existenz lässt sich durch schriftliche Quellen belegen. »Das waren deutlich mehr Abbildungen, als wir vermutet hatten«, sagt Mallinckrodt. »Allein die Anwesenheit zahlreicher afrikanischer Diener im Alten Reich widerlegt das Narrativ, die Deutschen hätten sich nie mit Sklavenhandel befleckt.«

Manchmal klagten die verschleppten Diener sogar gegen ihre Unfreiheit: Im Jahr 1790 wandte sich Franz Wilhelm Yonga beim Gericht in Detmold gegen seinen Herrn Franz Christian von Borries, der ihn 1765 als etwa 14-Jährigen für 47 britische Pfund und 15 Schilling in London von einem Kapitän gekauft hatte. Borries bestand auf seinem uneingeschränkten Eigentumsrecht, verneinte jegliche Ansprüche auf Altersversorgung – und übereignete Yonga dem Fürsten zur Lippe. Zwar unterlag Yonga vor Gericht, einigte sich aber später mit Borries' Witwe in einem Vergleich. Der lippische Hof sah ihn ohnehin als frei an. Nach seiner Zeit bei Borries heiratete er und bekam mit seiner Frau Kinder.

»Mit der Verstrickung deutscher Akteure in die transatlantische Sklavenökonomie hat sich die Forschung erst in den vergangenen Jahren genauer befasst«, sagt Mallinckrodt. Dabei hatten Deutsche seit dem ausgehenden Mittelalter ökonomisch und personell ihre Finger im grausamen Geschäft. Die Deutschen agierten nicht direkt in vorderster Front, dazu fehlten vorerst die Kolonien – wenn man von der kurzzeitigen, brutalen Besatzungszeit des Augsburger und Nürnberger Welser-Clans in Venezuela absieht.

»Die Deutschen agierten aus dem Hinterland«, sagt der Wirtschafts- und Sozialhistoriker Klaus Weber. Dynastien wie die Fugger finanzierten bereits in den frühen 1600er-Jahren den portugiesischen Sklavenhandel und trugen damit zum Aufschwung der Regionen bei, die Waren für den transatlantischen Handel herstellten. Tuch- und Leinweber in Süddeutschland, Schlesien und später Westfalen profitierten davon, dass ihre Waren gegen Sklaven getauscht wurden. Im Alten Reich waren viele Produkte günstig, das Lohnniveau lag deutlich unter dem Englands oder Spaniens. Kupferhütten in den deutschen Mittelgebirgen steigerten die Produktion, weil in Europa wie in der Karibik Siedekessel gebraucht wurden. In ihnen wurde der Saft des Zuckerrohrs aufgekocht, bis brauner Zucker kristallisierte, der dann in Europa raffiniert wurde. »Die Sucht der Menschen nach dem neuen Süßstoff war ein Motor der Sklavenökonomie«, sagt Weber.

Von den mehr als zwölf Millionen Afrikanern, die zwischen dem 16. und dem 19. Jahrhundert nach Amerika verschleppt wurden, endeten viele auf Zuckerrohrplantagen. Wenn sie denn die Fahrt in den klaustrophobisch engen, 1,50 Meter hohen Schiffsladeräumen überlebten, in denen sie zu zweit aneinandergekettet – platzsparend – eingepfercht wurden.

»Die Einbindung Deutschlands in diese Sklavenökonomie trug wesentlich zur Bevölkerungsentwicklung im 17. und 18. Jahrhundert bei«, sagt Weber. Zu spüren gewesen sei dies in Hafenstädten wie Hamburg, vor allem aber in den Regionen der Leinenproduktion.

Um die Mitte des 17. Jahrhunderts vermuten Historiker zum ersten Mal ein direktes Engagement von Hamburger

Schiffen im Sklavenhandel zwischen Afrika und Brasilien – wenngleich die Hanseaten es vorzogen, im Hintergrund zu bleiben. Sklavenschiffe, die von der Elbe aus in See stachen, fuhren meist unter dänischer Flagge. Das galt als sicherer, denn politisch war Hamburg ein Zwerg.

Auch als Kapitalgeber hielt man sich vorerst dezent zurück und finanzierte ausländische Handelskompanien. »Die große Stunde der Hamburger kam mit dem Engagement der Dänen im Sklavenhandel«, schreibt Heiko Möhle in seinem Kolonialismusbuch »Branntwein, Bibeln und Bananen«.

Die 1659 in Glückstadt an der Unterelbe gegründete Dänemarkisch-Afrikanisch-Guineische Kompanie versorgte holländische und hamburgische Geschäftsleute nicht nur mit Kapital, auch die Direktoren der Kompanie, Vincent Klingenberg und Jakob del Boe, kamen aus der Hansestadt. An der Guineaküste wurden Forts gebaut und mithilfe afrikanischer Verbündeter Menschen aus dem Hinterland an die Küste verschleppt. Da sich Dänemark kurz darauf auch in der Karibik als Kolonialmacht etablierte, wuchs der Bedarf an Sklaven.

Die Geschäfte an der westafrikanischen Küste, »Gold-« oder »Sklavenküste« genannt, galten als so profitabel, dass sich als erster deutscher Herrscher der Brandenburger Kurfürst Friedrich Wilhelm (1620 bis 1688) zum Sklavenhändler aufschwang. Während seine 1682 gegründete Brandenburgisch-Afrikanische Kompagnie allerdings unter notorischer Geldnot litt, waren andere Investoren deutlich erfolgreicher. Peter Meyer etwa. In London, wohin es neben Cádiz und Bordeaux viele norddeutsche Kaufleute verschlug, avancierte der Hamburger sogar zum Direktor der Royal African Company.

Er besaß zudem selbst eine Plantage auf Barbados und war

an einer Londoner Zuckerraffinerie beteiligt. Auch die aus Bremen stammende Textilhändlerfamilie Baring machte der Dreieckshandel reich. Francis Baring, dessen 1762 in London gegründete Bank im Jahr 1995 spektakulär pleiteging, fungierte bereits um 1750 als Aktionär der Company of Merchants Trading to Africa und profitierte vom Sklavenhandel.

»Die Barings«, so Weber, »waren einflussreiche Lobbyisten der Sklaverei und zählten bis etwa 1850 zu den größten Exporteuren von Zucker aus Kuba, wo die Sklaverei erst 1886 verboten wurde.« In Bordeaux formte der Iserlohner Friedrich Romberg mit seinen Partnern um 1780 eine der größten Sklavenhandelsfirmen. Bis 1791 entsandte das Unternehmen mindestens ein Dutzend Sklavenschiffe. Zudem unterhielt man 20 Plantagen für Baumwolle und Indigo in Santo Domingo (heute Haiti).

Doch selbst Romberg konnte Heinrich Carl von Schimmelmann, nach dem noch heute mehrere Straßen in Hamburg benannt sind, nicht übertreffen. 1758 besaß Schimmelmann, der von Heereslieferungen an Friedrich den Großen im Siebenjährigen Krieg profitiert hatte, die enorme Summe von einer Million Taler.

Seine Stadtpaläste in Kopenhagen und Hamburg wurden zu Schaltstellen seines Handelsimperiums, die Hansestadt versagte dem Neureichen dennoch die Einbürgerung. 1759 erwarb er wenige Kilometer weiter das Schloss und das Gut Ahrensburg mit 319 Leibeigenen, die ihrem neuen Herren schwören mussten, ihm »eigen, getreu, gehorsam, hold und gewärtig« zu sein.

Waisenkinder setzte er dort als Billigarbeitskräfte in seiner Textilfabrik ein. Schimmelmann hatte Kontakt zu Vertretern der Aufklärung, las Rousseau und Voltaire und förderte Dichter wie Matthias Claudius, der in seinen Versen den Menschenhandel kritisierte. Schimmelmanns schonungslosen Umgang mit versklavten Menschen änderte das nicht.

Während die Sklaverei durch die in den 1780er-Jahren ins Leben gerufene Abolitionsbewegung und die Französische Revolution immer mehr stigmatisiert wurde, hätten viele Kaufleute noch versucht, »ihr ausbeuterisches Geschäftsmodell zu retten«, sagt Horst Rössler. Der Bremer Historiker hat dies am Beispiel von Bremer Geschäftsleuten untersucht. So schrieb etwa der aus Bremen stammende und in Liverpool tätige Händler Hinrich Wilckens in anonymen »Briefen über den Sklavenhandel«, der Handel sei auch für die Verschleppten von Vorteil, weil sie ihren despotischen Herrschern entkämen und glücklicher leben könnten. Wilckens' Briefe waren geschickte Lobbyarbeit für seinen Stiefbruder und andere Bremer Kaufleute, die noch Anfang des 19. Jahrhunderts Plantagen in der Karibik betrieben – wie Richard Fritze auf Kuba.

Der Spross der Bremer Handelsdynastie hatte wegen Verbindlichkeiten eines Hauptzuckerlieferanten 1855 dessen Zuckerplantage übernommen, für 412 500 Dollar inklusive versklavter Arbeiter. Ihnen ging es so miserabel, dass er »viele Tote« zu erwarten habe, schrieb Fritze im Juni 1856 an seinen Bruder. Fritze benötigte also Nachschub, doch auch der kubanische Gouverneur hatte – nach vielen anderen Ländern – nun die »Einfuhr« Verschleppter verboten. Der Bremer Geschäftsmann erwarb deshalb heimlich 190 »Stück« ins Land geschmuggelte Afrikaner. Juristisch begab er sich damit »auf ganz dünnes Eis«, so Rössler, denn Bremen hatte bereits 1837 ein Strafgesetz wider den Sklavenhandel erlassen. Zwei Jahre nach der Schmuggelaktion kehrte Fritze nach Bremen zurück und stieg etwas später aus dem Überseeunternehmen aus.

Deutlich geschickter als Fritze verhielt sich Ernst von Schimmelmann, der Sohn des großen Sklavenhändlers. Er hatte sich bereits 1792, damals schon dänischer Finanzminister, für ein Verbot des Menschenhandels ausgesprochen. Dafür wurde er als Sklavenbefreier gefeiert, obwohl in seiner geplanten Verordnung davon gar keine Rede war. Die Sklaverei wollte er nämlich nicht beenden, sondern lediglich den Handel mit Arbeitskräften. Stattdessen wollte er den Nachschub selbst produzieren lassen. »Unsre Sklaven«, schrieb Schimmelmann, sollten als Kolonie angesehen werden, »welche sich durch sich selbst vermehren und erhalten« könne.

SCHNELLES WISSEN

Was waren Kolonialwaren?

Ursprünglich umfasste der Begriff nur konsumierbare Waren, die aus Übersee importiert werden mussten. Typischerweise waren das als exklusiv empfundene Genussmittel, die in Europa nicht produziert werden konnten: Tabak, Kaffee, Tee und Schokolade sind gute Beispiele. Später übertrug sich diese Bedeutung des Exklusiven auch auf andere Waren wie Stoffe, Dekorartikel aus exotischen Materialien, Parfums oder edle Seifen, die im »Kolonialwarenhandel« angeboten wurden.

Das Scheusal

Mit höchster Brutalität und unfairen Tricks begründete Carl Peters in Ostafrika eine deutsche Kolonie.

Carl Peters, geboren 1856 in Neuhaus an der Elbe als eines von elf Kindern eines protestantischen Geistlichen, galt in seiner Schulzeit als Bücherwurm – und als Schläger. Besonders faszinierten ihn Reiseberichte über den afrikanischen Kontinent, etwa vom britischen Afrikaforscher und Missionar David Livingstone.

Peters studierte Geschichte, Philosophie und Geografie und wurde mit einer Studie über Kaiser Barbarossas Frieden von Venedig (1177) promoviert.

Im März 1884 gründete Peters, inspiriert vom britischen Empire, die Gesellschaft für Deutsche Kolonisation, eine Lobby für Kolonialpolitik. Der Verein gab Anteilscheine aus, die auf künftigen Landerwerb in Afrika gerichtet waren. Alfred Krupp und zwei Bankiers zeichneten größere Anteile.

Im Herbst 1884 begann der 28-jährige Peters eine erste Expedition in das Küstengebiet gegenüber der Insel Sansibar im heutigen Tansania. Im Dezember 1884 schloss er mit Einheimischen einen »Schutzvertrag« für ein Gebiet von der Größe

Bayerns. Seine Vertragspartner waren Analphabeten, von Peters unter Alkohol gesetzt.

Mit der Drohung, den belgischen König um Unterstützung zu bitten, erpresste Peters 1885 einen »Schutzbrief« von Kaiser Wilhelm I. Kurz darauf verwandelte er seinen Kolonialverein in die Deutsch-Ostafrikanische Gesellschaft. Ein Jahr darauf ließ er alle Rechte der Gesellschaft auf sich als alleinigen Geschäftsführer übertragen.

Doch die Afrikaner leisteten Widerstand. Im Jahr 1888 begannen Einheimische an der ostafrikanischen Küste einen Aufstand gegen die deutschen Kolonialisten. Zu den Gegnern Peters' gehörten auch Sklavenhändler. Deutsche Kolonialpropagandisten nutzten diesen Umstand, um die imperialistische Expansion als eine geradezu wohltätige Aktion gegen Sklaverei zu verkaufen. Doch Peters hielt nichts vom »Humbug des Antisklavereigequatsches«. Und er bewies bald, dass es ihm keineswegs um Menschlichkeit ging. Bei einer Expedition am Kilimandscharo 1891 ließ Peters als »Reichskommissar für das Kilimandscharogebiet« Aufständische brachial bekämpfen. Viele von ihnen wurden hingerichtet.

Peters war bald wegen seines Sadismus berüchtigt. Augenzeugen berichteten, wie er junge schwarze Mädchen auspeitschen ließ, bis das Blut durch den Lendenschurz floss. Die Afrikaner galten ihm als »Viecher«, die »nur zur Roharbeit« geschaffen seien. Immer wieder ließ er Arbeiter verprügeln, 100 bis 150 Hiebe seien an der Tagesordnung, schrieb sein Adjutant nach Hause: »Es ist kaum zu glauben, welche Angst die Leute vor Peters und seinen Leuten haben.« Mehr noch: Neben etlichen anderen ließ Peters die junge afrikanische Frau Jagodia, mit der er ein sexuelles Verhältnis unterhielt, und seinen einheimischen Diener Mabruk aufhängen.

Die sozialdemokratische Zeitung »Vorwärts« nannte ihn daraufhin »Hänge-Peters« und bezeichnete ihn als »Scheusal«, das »frei von jeglichem moralischen Skrupel nur seine große Persönlichkeit auslebt«. Trotzdem erhielt Peters 1914 eine Pension des Kaisers. Der alkoholabhängige Peters starb 1918 an den Folgen seiner Sucht.

Posthum machten die Nationalsozialisten ihn zu einer Kultfigur ihres Herrenmenschentums. Der Leiter des Reichsinstituts für Geschichte des neuen Deutschland und führende NS-Geschichtspropagandist Walter Frank gab Peters' Schriften in drei Bänden heraus. Der Spielfilm »Carl Peters« von 1941 stellte den brutalen Kolonialisten als kernigen Draufgänger dar, gespielt von Hans Albers.

Die Aufführung des Films wurde 1945 von den alliierten Siegermächten verboten.

Uwe Klußmann

Der Wahn vom Herrenvolk

Der »Platz an der Sonne« war keine Idee der Regierenden. Selbst in der Provinz agitierten Vereine für den Kolonialismus – etwa in Bayern.

Von Jan Friedmann

Der Hauptmann Karl von Gravenreuth ließ sein Leben fern der Heimat. Bei einer Militärexpedition gegen die Volksgruppe der Kpe im heutigen Kamerun traf ein Geschoss den 32-jährigen Offizier aus oberfränkischem Ritteradel tödlich. Noch heute erinnert ein Denkmal in der ehemaligen Hauptstadt Douala an den Kolonialisten aus Bayern, enthüllt rund zwei Jahre nach dem Tod Gravenreuths am Geburtstag des Kaisers im Januar 1894. Es zeigt ein Motiv, das ebenso Symbol für Bayern wie für Afrika sein sollte: einen bronzenen Löwen auf steinernem Sockel.

Auf dem Weg in seinen letzten Feldzug schrieb Gravenreuth einen Brief an die Geschäftsführung der Deutschen Kolonialgesellschaft (DKG) in Berlin – jener Organisation, der er abseits von Exkursionen seinen Tatendrang gewidmet hatte. Falls er nicht »bei der Expedition zum Teufel« gehe, so sinnierte Gravenreuth an Bord des Dampfers fast hellseherisch, wolle er sich künftig zu Hause ganz der »Kolonialarbeit« widmen. Dieser fehle es »an einer systematischen Organisation u. einem kräftigen Windmotor, der die ganze Agitation in Bewegung hielte«. Es bestehe das Risiko, so Gravenreuth, »dass der deutsche Michel wieder einschlafen will, zufrieden mit dem, was er gethan«.

Der rührige Adlige war der wohl prominenteste Vertreter der Kolonialbewegung in Bayern – dabei war er eine Ausnahme. Der Historiker Markus Seemann stellt in einer Studie über die Vereine fest, dass »es der großen Mehrzahl derjenigen, die kolonialpolitisch aktiv wurden, doch sehr fernlag, selbst an einer militärischen Expedition in den Kolonien teilzunehmen«. Gravenreuth hingegen sammelte Erfahrungen in einer Kilimandscharo-Expedition, dann schloss er sich der Truppe Hermann von Wissmanns an, die in Ostafrika unter dem Vorwand, arabische Sklavenhändler zu jagen, marodierte. Schließlich befehligte er Kommandos, um gegen Kpe oder Abo den deutschen Herrschaftsanspruch durchzusetzen. Er setzte dabei selbst Sklaven ein, die er militärisch drillen ließ.

Wie überall in Deutschland gründeten sich auch in Bayern nach 1882 in rascher Folge Kolonialvereine und Kolonialgesellschaften. Ihre Mitglieder organisierten Ausstellungen oder Vortragsabende von Afrikareisenden, um für den Kolonialgedanken zu werben – oder sie trafen sich zum Netzwerken.

Der Boom im süddeutschen Binnenland ist umso erstaunlicher, als er sich fernab jedes Hafens und jeder Handelsgesellschaft zutrug. Die lagen für die Kolonialbewegten so fern wie Afrika selbst – was freilich ihre Euphorie nur teilweise bremste. Es sei eben so, konstatierte der aus Württemberg stammende Präsident des Kolonialvereins, Fürst Hermann zu Hohenlohe-Langenburg, »dass Bayern am Fels liegt, abgelegen vom Meere, und daher die Wirkungen des Handels über See nicht in vollem Maße zutage treten«.

Dafür ging es viel um Kontakte und Fundraising für Investitionen in koloniale Projekte. Karl von Gravenreuth wusste als Jesuitenzögling und Sohn eines Hofbeamten, wie das funktionierte. So richtete er beispielsweise ein »allerunterthänigst treu gehorsamstes Bittgesuch« an den Landesherrn Prinzregent Luitpold: Der möge die Schirmherrschaft über die Kolonisationsbewegung übernehmen, »deren Bestrebungen in kurzer Zeit allerorts tiefe Wurzeln geschlagen«.

Gravenreuth unterhielt auch gute Beziehungen zum katholischen Ludwig-Missions-Verein, der bayerische Diasporagemeinden in Nordamerika, Ostasien und Afrika unterstützte. In Augsburg sammelte er 5700 Mark für einen Dampfer auf dem Viktoriasee und machte sich für eine Eisenbahn in Deutsch-Ostafrika stark.

Der junge bayerische Adlige, Militär aus gutem Hause, befand sich dabei in bester Gesellschaft. Im Jahr 1893 gab die DKG in ihrem Jahresbericht einen Überblick über die Berufe ihrer Mitglieder. Demnach bildeten Kaufleute, Fabrikanten und Gewerbetreibende mit 40 Prozent die größte Gruppe, gefolgt von Regierungsbeamten mit 13, Offizieren mit 8, Richtern, Anwälten und Notaren sowie Lehrern und Geistlichen mit jeweils 6 Prozent.

Für die Funktionsträger der Kolonialvereinigung in Bayern errechnet Historiker Seemann »aktive oder ausgeschiedene Offiziere« als »größte Berufsgruppe«, vor Beamten, Unternehmern und Lehrern. In den bayerischen Städten rekrutierte sich demnach die DKG »aus der lokalen Elite«. In Bamberg tagte der örtliche Ausschuss des Deutschen Kolonialvereins

1903 spottete die Zeitschrift »Simplicissimus«: »Unter der deutschen Regierung können die Kolonien nicht gedeihen, weil in den Tropen die Tinte zu schnell eintrocknet.«

(DKV) sogar im Geschäftszimmer des Bürgermeisters im Rathaus. Dieser verschickte als Vorsitzender vereinsinterne Einladungen mit dem Briefkopf des Bürgermeisters.

Trieb den Kolonialismus also vor allem eine gesellschaftliche Elite voran? Tatsächlich ging man in der Geschichtsforschung lange davon aus, dass der Kolonialismus von oben über Deutschland gekommen sei. Der Bielefelder Historiker Hans-Ulrich Wehler prägte dafür den Begriff »Sozialimperialismus«. Er meinte die Absicht der Regierenden, gesellschaftliche Konflikte nach außen abzuleiten, um so ein künstliches Gemeinschaftsgefühl zu erzeugen. Wehler interpretierte den Kolonialismus als »Strategie herrschender Eliten«, um von Problemen im Inneren abzulenken und Ansprüche anderer gesellschaftlicher Gruppen auf Mitsprache – von Arbeitern oder Frauen beispielsweise – abzublocken.

Man findet tatsächlich einzelne Zitate von Kolonialaktivisten, die diese These stützen. So äußerte etwa der schwäbische Fürst zu Hohenlohe 1882 die Hoffnung, »dass wir in Deutschland die Gefahr des Sozialdemokratismus nicht wirksamer bekämpfen können, als wenn wir uns in überseeischen Ländern Luft schaffen, und zwar so bald wie möglich«. Ernst von Weber, einem sächsischen Rittergutsbesitzer und Ehrenmitglied der Gesellschaft für deutsche Kolonisation, schwebte gar der »Massenexport des revolutionären Zündstoffs« durch Aussiedlung von Proletariern vor.

Inzwischen sehen Forschende allerdings viele Schwächen des Modells. »Die neuere Forschung ist sich weitgehend einig, dass das Erklärungsmodell nicht haltbar, weil zu eindimensional ist«, schreibt die Berliner Historikerin Beate Althammer: Die Sozialimperialismus-These greift zu kurz.

Heutige Erkenntnisse sind für die Zeitgenossen wie für die

Nachwelt weitaus unbequemer: denn Kolonialträumereien und Rassismus kamen nicht allein von oben über die Deutschen – in dem Sinn, dass Mächtige wie Bismarck sie aus Kalkül oder Staatsräson verordnet hätten. Sie entstanden lokal vor Ort – und fanden Rückhalt in der gesamten Gesellschaft.

So ergriff die Sehnsucht nach imperialer Größe im Kaiserreich breite Schichten der Bevölkerung. Kaufleute und Angestellte, Großstädter und Landbewohner, Honoratioren und Handwerker begeisterten sich für die koloniale Idee. In München existierte beispielsweise der Verein Deutsch-Südwestafrika, der sich zum Ziel gesetzt hatte, »das Interesse an den deutschen überseeischen Colonien auch in den untersten Schichten zu erwecken«. Zu den Gründungsmitgliedern gehörten ein Eisenbahner, drei Hilfsarbeiter und ein Dienstmann.

Und die Bewegung zog ihre Energie bei Weitem nicht nur aus den spezialisierten Vereinen. Werbung für den deutschen Kolonialismus bekamen die Bayern beispielsweise auch auf dem Oktoberfest zu sehen, wo von 1890 an jährlich eine wechselnde Gruppe von Menschen aus fernen Ländern zu bestaunen war, angepriesen zuerst als »Amazonentruppe«, dann als »Beduinen-Lager« oder »Afrikanerdorf«. In Augsburg präsentierten Schausteller in ähnlicher Weise eine »Togotruppe«. Die Bamberger peppten ihren Fasching in der Saison 1885 damit auf, dass der Büttenredner als Douala-König »King Bell« aus Kamerun verkleidet war. Im Straßenumzug liefen schwarz angemalte »Kannibalen« und ein indischer Elefant mit.

Solche Praktiken zeigen, welche Funktion der Kolonialismus für die kollektive Psyche der Gesellschaft übernahm: Die Deutschen empfanden die Hochmoderne, die mit der Gründung des Deutschen Reichs 1871 enorm an Fahrt gewonnen hatte, als ungeheuer beschleunigte Zeit des Umbruchs. Binnen weniger Jahrzehnte holte das Kaiserreich die Industrialisierung nach, die bis dahin im Vergleich zu anderen Staaten eher schleppend angelaufen war. Ein enormer Wandel auch im Alltag war die Folge. Etablierte Berufe wurden plötzlich überflüssig, Maschinen übernahmen die Arbeit von Menschen, halbe Dörfer wanderten auf der Suche nach einer besseren Zukunft in die USA aus.

Die wachsende Unsicherheit führte zu einer starken Suche nach dem Eigenen, nach Identität. Im Kolonialrausch des Kaiserreichs artikulierten sich »Existenzängste unterschiedlicher sozialer Schichten«, »Machterhaltungsbestrebungen privilegierter Gruppen« sowie »Prestige- und Identitätsbedürfnis«, analysiert der Münsteraner Historiker Horst Gründer. Anders gesagt: In der stark hierarchisch geprägten Gesellschaft des Kaiserreichs bekämpfte man Minderwertigkeitsgefühle, indem man auf andere herabschaute – und sei es in Afrika.

Im Gründungsaufruf der Gesellschaft für deutsche Kolonisation von 1884, dessen treibende Figur der Pastorensohn und Historiker Carl Peters war, heißt es: »Die deutsche Nation ist bei der Verteilung der Erde, wie sie vom Ausgang des 15. Jahrhunderts bis auf unsere Tage hin stattgefunden hat, leer ausgegangen.« Alle »übrigen Kulturvölker Europas« besäßen woanders Stätten, um sich zu entfalten. Hingegen: »Das Deutschtum außerhalb Europas verfällt fortdauernd nationalem Untergang.«

Die Gesellschaft für deutsche Kolonisation war das Sammelbecken für jüngere Kolonialfans, es herrschte ein noch nationalistischerer Ton als im von Honoratioren geprägten

Mit eigener Zeitung agitierte der Frauenbund der Deutschen Kolonialgesellschaft für die fernen Siedlungen – und suggerierte heile Welt.

DKV. Das Unterlegenheitsgefühl als bestimmende Kraft der kolonialen Gelüste untermauert das Zitat ihres Gründers Carl Peters: »Wenn man ein egoistisches Moment in diesem Motiv für meine kolonialpolitische Tätigkeit suchen will, so mag man es darin finden, dass ich es satthatte, unter die Parias gerechnet zu werden, und dass ich einem Herrenvolk anzugehören wünschte«, schrieb Peters. »Ich legte keinen besonderen Wert darauf, für den Rest meines Lebens als Kompliment zu vernehmen: ›You are exactly like an Englishman!‹«

Als das Reich dann tatsächlich zur Kolonialmacht wurde, durften sich die Aktivisten kurze Zeit auf Augenhöhe mit dem ewigen Rivalen jenseits des Kanals fühlen. Der Bremer Tabakhändler Adolf Lüderitz hatte in Südwestafrika Land erworben. Er ersuchte um Reichsschutz, den Bismarck gewährte. Das Deutsche Reich erklärte in den Jahren 1884 und 1885 Deutsch-Südwestafrika, Togo, Kamerun und Deutsch-Neuguinea zu seinen »Schutzgebieten«, es folgten noch kleinere Gebiete in der Südsee.

»Bismarck selbst war kein Kolonialenthusiast. Er wollte keine Kolonien, dafür war er viel zu sehr Realist«, so bewertet der Historiker Jürgen Zimmerer die Politik des Reichkanzlers. Allerdings stemmte sich der Reichskanzler auch nicht gegen den Zeitgeist. Er sah das Engagement in der Ferne wohl am ehesten als Instrument, um die Nationalliberalen und Konservativen angesichts schwieriger Mehrheitsverhältnisse im Parlament an sich zu binden.

1890 war es mit der Expansion schon wieder vorbei: Bismarcks Nachfolger Leo von Caprivi unterzeichnete den von Bismarck vorbereiteten Helgoland-Sansibar-Vertrag. Mit ihm verzichtete das Deutsche Reich gegenüber Großbritannien auf weitere koloniale Ansprüche. Im Gegenzug erhielt es von

England die Insel Helgoland vor der norddeutschen Küste und einen schmalen Landstreifen in Südwestafrika, den sogenannten Caprivi-Zipfel.

Die Kolonialaktivisten waren empört, zugleich wurde deutlich, dass sie die Realpolitik nicht entscheidend prägen konnten. Dem Reich verblieben die Mitte der 1880er-Jahre unter Schutz gestellten Territorien. Sie erwiesen sich als teure Prestigeobjekte. Nach dem Ersten Weltkrieg war der deutsche Kolonialismus formal zu Ende.

Wirksam allerdings blieb der Kolonialgedanke in einer Mentalität, die über den Nationalsozialismus in die Bundesrepublik hineinwirkte. Aus Volksliedern, Faschingsbräuchen und Kolonialistenverehrung in Form von Denkmälern sprach weiterhin das tief sitzende Gefühl, bei der Verteilung der Welt zu kurz gekommen zu sein.

In diesem Sinn lebte auch der Bayer Gravenreuth nach seinem Tod fort. Der Hohenzoller Leopold von Bayern, Generalfeldmarschall im Ersten Weltkrieg, erwähnt in seinen Lebenserinnerungen 1922 dessen »Heldentod« in Kamerun, der ihm »bei den Eingeborenen den Ehrennamen des Löwen Ostafrikas« eingetragen habe. In einem »Kolonialbuch für Jungen und Mädel« aus dem Jahr 1939 heißt es zu Gravenreuth: »Gewiss war unser Bayer in erster Linie eine Kampfnatur, tapfer bis zur Tollkühnheit, einer der besten Soldaten, die in den Tropen gefochten. Er war aber zugleich ein Mann, der die Eingeborenen zu nehmen und an die deutsche Herrschaft zu fesseln wusste.«

Im Münchner Stadtteil Waldtrudering ist bis zum heutigen Tag eine Straße nach dem Freiherrn benannt, der einst von sich gab, man dürfe die Sklaverei nicht »nach dem Muster europäischer Humanitätsschwärmer« betrachten. Um die

Straßennamen des sogenannten Kolonialviertels tobte eine erinnerungspolitische Debatte: Die Anrainer sprachen sich gegen eine Umwidmung aus, der Stadtrat folgte dem schließlich. Stattdessen ziert nun eine graue Ergänzungstafel das Straßenschild: »Karl von Gravenreuth (1858–1891), als Offizier an der Niederschlagung von Aufständen in den Kolonien Deutsch-Ostafrika und Kamerun beteiligt«.

SCHNELLES WISSEN

Was war das Reichskolonialamt?

Es entstand im Mai 1907 aus der Kolonialabteilung des Auswärtigen Amtes. Das Reichskolonialamt unterstand unmittelbar dem Reichskanzler und wurde von einem Staatssekretär geleitet. Es bestand aus vier Abteilungen, die sich mit Verwaltungs-, Verkehrs- und Finanzfragen sowie mit der Leitung der »Schutztruppen« in den Kolonien befassten. Der erste Staatssekretär des Reichskolonialamtes war Bernhard Dernburg, der zuvor für Banken gearbeitet hatte. Da der Krieg gegen die Herero und Nama im heutigen Namibia 1904/05 im Reichstag wegen seiner Brutalität kritische Debatten ausgelöst hatte, bemühte sich Dernburg, dem Reichskolonialamt einen reformerischen Anstrich zu geben. So leitete er Disziplinarverfahren gegen besonders brachiale Kolonialbeamte ein. Ärzte, Missionare und Eisenbahnbauer sollten das Image der deutschen Kolonialpolitik verbessern. Das Ziel blieb aber unverändert: die Bewohner der unterworfenen Gebiete möglichst profitabel auszubeuten.

Was war der »koloniale Konsens«?

In der deutschen Gesellschaft gab es seit dem späten 19. Jahrhundert einen breiten Konsens darüber, dass Deutschland Kolonien besitzen solle. Das Spektrum der Befürworter einer deutschen Kolonialpolitik reichte von Erzkonservativen über konfessionell gebundene Parteien wie das katholische Zentrum bis zu Linksliberalen und dem rechten Flügel der Sozialdemokraten. Der koloniale Konsens basierte vor allem auf zwei falschen Annahmen. Erstens: Bewohner der unterworfenen Gebiete seien »Wilde«, so die Ideologie des rechten SPD-Flügels um Eduard Bernstein, und hätten daher kein Recht auf Selbstbestimmung. Zweitens: Deutschland habe einen Bevölkerungsüberschuss, den es quasi in Kolonien exportieren müsse.

Wie zäh sich der koloniale Konsens auch nach dem Verlust der Kolonien 1918 hielt, zeigt eine Antwort des Kölner Oberbürgermeisters und späteren Bundeskanzlers Konrad Adenauer aus dem Jahre 1927 auf die Anfrage einer Zeitschrift. Adenauer behauptete, das Deutsche Reich müsse »unbedingt den Erwerb von Kolonien anstreben«. Die Begründung des Zentrumspolitikers nahm die Wortwahl der Nationalsozialisten vorweg: »Wir müssen für unser Volk mehr Raum haben und darum Kolonien.« Dieser koloniale Konsens in der Gesellschaft erleichterte es den Nazis, die kolonialen Ambitionen Deutschlands auf Expansion nach Osteuropa zu lenken.

Wie stand Bismarck zu den Kolonien?

Weit verbreitet ist die Auffassung, der deutsche Reichskanzler Otto von Bismarck, der von 1871 bis 1890 regierte, sei gegen Kolonialpolitik gewesen. Diese Ansicht stützt sich unter anderem auf eine Rede Bismarcks im deutschen Reichstag am 26. Juni 1884. Der Reichskanzler sagte damals, er sei »gegen Kolonien, die als Unterlage ein Stück Land schaffen und dann Auswanderer herbeizuziehen versuchen, Beamte anstellen und Garnisonen errichten«.

Doch in derselben Rede verkündete Bismarck, es sei »die Pflicht des Deutschen Reiches«, deutschen Unternehmen »gewisse Beihilfe in ihren Kolonialbestrebungen zu leisten« und ihnen »Reichsschutz zu gewähren«. Dem könne er sich, so Bismarck, »vom Standpunkt der staatlichen Pflicht nicht entziehen«.

Zuvor hatte Bismarck jahrelang die kategorische Position vertreten: »Solange ich Reichskanzler bin, betreiben wir keine Kolonialpolitik.«

1884 gab Bismarck seine Gegnerschaft zur Kolonialpolitik praktisch auf. Zuvor hatte er jahrelang gewarnt, die Kosten zur

Gründung und Unterstützung von Kolonien überstiegen »sehr oft den Nutzen«.

Für Bismarcks Kurswechsel gab es verschiedene Gründe. Der wesentliche Grund, so analysiert der Hamburger Historiker Jürgen Zimmerer, sei der Druck »hanseatischer Kaufleute« gewesen, die Bismarck in seiner Reichstagsrede im Juni 1884 ausdrücklich als treibende Kräfte der Kolonialpolitik erwähnte. Vor allem Überseehändler und Reedereien sowie die Hamburger Handelskammer hatten einen Schutz der deutschen Flotte für ihre Handelsstützpunkte gefordert.

Hinzu kam als Motiv die Rivalität der Kolonialmächte, vor allem die zwischen Deutschland und Großbritannien. Der Historiker Axel Riehl vertritt die These, Bismarcks Kolonialpolitik habe zudem auch innenpolitische Motive gehabt. Um den anglophilen Thronfolger Friedrich Wilhelm von liberalen Reformen abzuhalten, habe der Reichskanzler auf eine kalkulierte Zuspitzung der Spannungen zwischen Großbritannien und Deutschland gesetzt.

Der wichtigste Treiber für Bismarcks Wende in der Kolonialpolitik aber dürfte tatsächlich die Lobby des Handelskapitals gewesen sein.

Uwe Klußmann

»Wir waren bloß wie Tiere«

Junge Afrikaner sollten in Deutschland lernen, ihre Landsleute zum Christentum zu bekehren. In Briefen schilderten sie, wie man sie behandelte.

Von Kokou Azamede

Im Jahr 1847 traf der erste norddeutsche Missionsbote im westafrikanischen Küstengebiet des Ewe-Landes ein. Damit begann auf den Missionsstationen ein Prozess kultureller Interaktionen zwischen norddeutschen Missionaren und Westafrikanern – 37 Jahre bevor das Gebiet des heutigen Togo und südlichen Ghana 1884 zur deutschen Kolonie wurde.

Ihren Höhepunkt erreichte die Missionstätigkeit, nachdem die Norddeutsche Missionsgesellschaft entschied, jungen Ewe-Christen eine Missionsausbildung in Württemberg zukommen zu lassen. Es war der Not geschuldet: Die Mission litt an Personalmangel. Warum also nicht versuchen, aus jungen Ewe Missionare zu machen?

Zwischen 1884 und 1900 hielten sich 19 junge Ewe jeweils zwei bis vier Jahre lang in Deutschland auf. Sie besuchten die sogenannte Deutsch-Ewe Schule, die im Hause des Pfarrers

Johann Binder eingerichtet wurde, zunächst in Ochsenbach, bis sie 1889 nach Westheim umzog.

Wer von ihnen am Ende wirklich Missionar würde, das sollte erst in Deutschland entschieden werden. Bedingung dafür war eine Bewertung, die nicht nur gute Schulnoten voraussetzte, sondern auch Kriterien wie »gutes Betragen« und »guter Charakter« einschloss.

Doch wie erlebten und bewerteten die jungen Ewe-Missionare selbst ihre Ausbildung und ihren Kontakt mit der christlich-europäischen Kultur?

Offizielle Berichte, die sie für die Missionsgesellschaft verfassten, geben einen positiven Eindruck von ihrem Deutschlandaufenthalt. Glücklich seien sie gewesen in den christlichen Gemeinden und Familien, bei denen sie zu Besuch waren.

So wie der 22-jährige Andreas Aku, der von 1884 bis 1887 im württembergischen Ochsenbach studierte. 1885 verfasste er über eine sommerliche »Vakanzreise« einen ausführlichen Bericht für den »Herrn Inspektor« der Missionsgesellschaft. Rund zwei Monate lang hatte Aku verschiedene pietistische Gemeinden besucht, die Reise führte ihn durch weite Teile des Landes. Immer, versichert er, nahmen ihn die Familien und Gemeinden, bei denen er logierte, freundlich auf. Auch Raum für Freizeit gab es wohl: »Mit einem Freund bin ich an dem ersten Tag in der Stadt herumgegangen. Am Sonntag, dem 26. Juli, war ein Missionsfest in Heiden, ein Dorf nicht weit von Lemgo. Es war sehr schön, besonders wie die Jünglingsvereine ihre Posaunen geblasen haben, das war wunderschön.«

Die Ferienreise war für Andreas Aku die Gelegenheit, nicht nur christliche Veranstaltungen zu erleben, sondern auch das Land kennenzulernen. Seine Aufzeichnungen lesen sich wie das Protokoll einer Bildungsreise: Jeden Tag besichtigte er Krankenhäuser, Fabriken und Sehenswürdigkeiten.

»In Vlotho hat mir Pastor Schmidt einige interessante Sachen gezeigt z. B. die Weberei und die Windmühle, jene Methode sah ich gleich wie unsere in Afrika; nur unsere Webstühle sind zu schmal. In Hemelingen hat er mir die Silberfabrik gezeigt, und ich habe alles, wie die silbernen Geräte bereitet werden, gesehen. Bei Bielefeld ist eine sehr große Krankenanstalt, welche Bethel heißt. In dieser Anstalt sind wir gewesen; wir waren auch in einigen Häusern; es stehen über 40 große Häuser da, und die Diakone, die Diakonissen und die Kranken und die Vorsteher, alle zusammen zählten ungefähr 600–700. … An demselben Abend kam ich sicher nach Frankfurt. Am nächsten Morgen führte er mich auch in den schönen katholischen Dom. Das war die schönste Kirche, die ich in Deutschland gesehen habe.«

Ein beeindruckendes Programm, doch der Höhepunkt stand noch aus: »Am 12. September Sonnabend waren wir bei dem Manöver in Bönnigheim gewesen; wir freuten uns sehr darüber, wir waren dort mit unserem Lehrer. Zuletzt am 19. Sept. samstags haben wir auch den deutschen Kaiser Wilhelm bei der Kaiserparade zwischen Ludwigsburg und Pflugfelden gesehen. Wir freuten uns sehr, als wir ihn und die vielen, vielen Soldaten gesehen haben; an diesem Tag war es wunderschön.«

Positive Eindrücke sammelte auch der 20-jährige Benjamin Onipayede, der von 1890 bis 1894 in Westheim studierte. Kurz vor seiner Rückkehr nach Afrika hielt er – so war das üblich – eine Abschiedsrede vor der Missionsleitung in Bremen: »So wende ich mich nun zu den lieben Freunden und Freundinnen der Gesellschaft, die sich die Aufgabe stellte, draußen in unserem Evhelande Seelen aus dem Schlaf des Todes aufzuwecken und zum ewigen Licht Christo unseren HERRN zu führen, und sage Ihnen allen meinen, meiner lieben Eltern und meines Volkes herzlichen Dank dafür …«

Onipayede versprach in seiner Rede für die Zeit nach seiner Rückkehr einen totalen Einsatz in der Missionsarbeit, die er martialisch umschreibt: »Die Mission ist ein heiliger Krieg. Nicht wie die Weltmächte ihre Kriege führen, um Völker und Länder unter ihre Herrschaft zu bringen, nicht wie jene Tyrannen im Osten und Westen unseres Landes dieselben führen, um die Gefangenen zum Tode zu verurtheilen oder in die Sklaverei zu verkaufen. Nein, es ist ein heiliger Krieg, der von solchen geführt wird, die frisch und munter über Land und Meer ziehen, um die Beklagenswerthen anderer Welttheile mit dem Schwert des Geistes von dem Todfeind, dem Teufel und der Sünde zu befreien.«

Onipayede lobte seine Missionsausbildung und versicherte, nun reif und erfahren genug zu sein, um Verantwortung in der Missionsarbeit zu übernehmen. Fast alle Abschiedsreden der 19 Ewe-Schüler folgten diesem Muster: Sie berichteten darüber, dass sie ihren Aufenthalt in Deutschland genossen, mehr über das christliche Leben gelernt hätten und dass sie vom Christentum überzeugt seien. Sie schienen dazu bereit, gegen ihre eigenen traditionellen Religionen zu kämpfen, um die Lebensweise ihrer Landsleute zu verändern.

Liest man jedoch die private Korrespondenz der jungen Männer, bekommt man ein etwas anderes Bild. Auch aus ihren Briefen geht zwar hervor, dass sie das Gefühl hatten, eine gute Ausbildung erhalten zu haben. Aber sie schienen nicht vollständig vom Christentum überzeugt zu sein, das ihnen beigebracht worden war.

Einige von ihnen kehrten enttäuscht nach Hause zurück: Sie sahen nicht, dass das, was gelehrt wurde, auch gelebt wurde. Dazu gehörte zum Beispiel die Bibellehre, laut der alle Menschen gleich zu behandeln sind und die gleichen Rechte haben: In der Praxis erlebten sie das teils sehr anders.

Der 17-jährige Isaak Kwadzo wurde von 1891 bis 1895 nach Westheim geschickt. Auch er traf viele Menschen, Gemeinden und Familien und hatte viele Freunde. In seinen offiziellen Schriften äußerte er sich zufrieden. Auch seine Autobiografie gibt kaum detaillierte Auskunft über seine negativen Erlebnisse, seine Desillusionierung über Missionare in Deutschland zeigte er auch darin nicht deutlich.

Doch er erlebte solche Enttäuschungen: Die erste schon während seiner »schwierigen Seereise« auf dem Dampfer »Hedwig Woermann«. Begleitet vom Missionar Gustav Härtter, reiste er nach Deutschland. Dabei erlebte er die Hölle: Während der ganzen herbstlichen Überfahrt lebte er auf dem Deck, wo auch sein Gepäck abgelegt war.

»Am 8. Oktober verließen wir Keta und erreichten Hamburg am 8. Nov. 1891. Unterwegs nach Grand Canary ging meine Kiste verloren, sodass ich sehr bitterlich weinte; die Diakonissin Lottchen liebte mich sehr und tröstete mich oft; in Grand Canary angelangt, als es mir zu kalt war, gab mir meine Freundin Lottchen ihren Überrock anzuziehen, den ich mit Dankbarkeit annahm.«

Die Geschichte wird in den privaten Aufzeichnungen des etwas älteren Ewe-Schülers Komla-Kuma, der sich in der Mission selbst den Namen Albert Binder gewählt hatte, bestätigt. Binder sah dahinter eine Verschwörung gegen Afrikaner und machte die Missionsleitung dafür verantwortlich: »Diese Unterbringung war gewiss beabsichtigt gewesen, damit für die

Afrikaner kein extra Geld ausgegeben würde. Dieselbe Erfahrung habe ich bei meiner Rückreise gemacht.«

Tatsächlich erlebte auch er seine 21 Tage lange Rückreise nach Afrika auf Deck und sah sich wie ein Tier behandelt: »Wir fuhren von Hamburg auf der Elbe bis zum Schiff ›Alina Woermann‹, das uns erwartete und mitnehmen sollte. Es lag vor Anker in der Nordsee. Wir stiegen alle auf das Schiff, als es plötzlich anfing zu regnen. Jeder ging in seine Unterkunft oder in seine Kabine. Schwester Peper, mit der ich nach Keta reiste, fand auch ihre Unterkunft. Nur der Kameruner Edward Duwo und ich fanden keine Unterkunft. Als ich den Kapitän nach einer Kabine fragte, antwortete er mir: ›Es gibt keine Kabine für dich.‹ Ich war überrascht und auf meine Frage ›warum?‹ antwortete er: ›Das hängt nicht von mir ab, sondern von denjenigen, die dich hier geschickt haben.‹ Ich fing sofort an nachzudenken und brach plötzlich in Tränen aus.«

Ein Moment der Erkenntnis, den Binder als tiefe Demütigung empfand: »Nun war es für mich nicht mehr möglich, um Geld aus der Heimat zu bitten, um selber meine Reisekosten zu bezahlen. Ich war verwirrt. Ich armer Mann! Ich fragte mich stets: ›Wo werden wir, der Kameruner Edward und ich, schlafen?‹, denn wir waren auf dem Schiff bloß wie Tiere.«

Dass andere seiner Kommilitonen dieselbe Erfahrung machten, bestärkte Albert Binders Eindruck, es mit einer vorgeplanten Ungerechtigkeit gegenüber den Schwarzen zu tun zu haben. Zumal das Ereignis ihm bewies, dass die Weißen sich den Schwarzen gegenüber für überlegen hielten.

»Ich erinnerte mich sofort daran, dass diese Tat eine Verschwörung gegen uns Schwarze war, die mit Isaak Kwadzo während seiner Reise mit Herrn Seeger angefangen hatte. Ich stand im Regen so lange, bis es aufhörte. Ich wurde halbtot, dennoch war ich davon überzeugt, dass dies kein Plan Gottes war, sondern bloß menschliche Gedanken. Man würde mich also fragen, wo sich meine Mitreisende Fräulein Peper befand, die wie ich dieselbe Arbeit in Keta machen würde, und die wie mich dieselbe Missionsgesellschaft und derselbe Inspektor zum Dienst aussandten. Die Antwort ist: ›Sie befindet sich in einer Kabine 1. Klasse, weil ihr Leben wertvoller als das meine sei.‹«

Solche Erfahrungen zeigten, wie die afrikanischen Christen von den europäischen Missionaren diskriminiert wurden. Es überzeugte auch Isaak Kwadzo von der Heuchelei mancher weißen Missionare ihren afrikanischen ›christlichen Brüdern‹ gegenüber. Er schrieb ein Spottgedicht gegen die Mission, das sowohl seinen tiefen Glauben als auch seine Enttäuschung über dessen Verkündiger dokumentiert:

Untreu seid ihr in eurem Arbeiten.
Mamonsinn ist für euch Speise,
Unrecht halten ist eure Getränke,
Schmeichelei ist eure Stärke,
Heißet ihr das Gottes Wort predigen?
Heißt's frohe Botschaft verkündigen?

Das Gedicht trägt den Titel »Die Hindernisse der Mission« und hat 21 Verse, die »Fehler der Vorsteher und der Missionare« beschreiben. Von denen berichtete er auch in einem Brief an seine Missionsfreundin Minna Huchthausen. Er zeigt sich darin frustriert darüber, wie verschieden die deutschen und afrikanischen Missionare ihren Auftrag verstehen: »Heißt das nicht Feinde haben, wenn jemand etwas Gutes thut und die sogenannten Weltmenschen ihn zu verhindern suchen? Heißt Vorträge halten faul sein? Heißt den Kindern von Afrika erzählen träge sein? Heißt Vorträge schreiben träge sein? Heißt Gedichte machen schlafen? Heißt den Leuten ihre Fehler erklären spazierengehen? Heißt Vorträge auswendig lernen schwätzen?«

Isaak Kwadzo war auch mit den Themen nicht einverstanden, über die afrikanische Missionsschüler laut Weisung der Mission schreiben durften. Er fand sie langweilig und unwirksam: »Was nützte es, wenn ich Ihnen alles schreibe, was ich in Deutschland gesehen habe! Wenn ich Ihnen meinen ganzen Lebenslauf beschriebe! Wenn ich Ihnen unsere Missionsarbeit schilderte! O, Minna, das fällt mir gar nicht ein. Eine Missionsfreundin sind Sie und Sie sind in Europa, deshalb müssen Sie es auch verstehen, was Sie an den Heiden thun. Sie müssen nicht alles blindlings thun. Einen Blick müssen Sie bekommen. Wie die Missionsarbeit getrieben wird, das müssen Sie, Minna, auch wissen und auch den anderen sagen.«

Isaak Kwadzo prangerte die ungerechte und rassistische Haltung der Missionare an. Vor allem aber bezweifelte er zum Schluss die Ehrlichkeit der Missionare bei ihrer Arbeit: »Von der Missionsarbeit können Sie genau viel lesen; aber ich bin von den Heiden gekommen, habe die Europäer kennen gelernt, deshalb schreibe ich Ihnen ehrlich: ›Alles was von der Mission geschrieben wird, ist nicht ganz wahr.‹ Daher nehme ich es auf mich, Ihnen die Sache zu erklären, durch meine Gedichte.«

Isaak Kwadzo beschrieb die deutschen Missionare mit ähnlichen Begriffen wie die, mit denen die Europäer die afrikanischen kulturellen Gewohnheiten und Glaubensformen anprangerten: Er hatte seine Hochachtung vor den Missionaren verloren, die ja auch ihre Schüler nicht achteten und wie Vieh reisen ließen.

Er war damit nicht allein. Die Erfahrungen, die junge Afrikaner mit der christlichen Mission durch Europäer machten, brachten sie dazu, die Missionsordnung infrage zu stellen und die Missionare herauszufordern, wenn sie von ihnen verlangten, ihrer Kultur und ihren Bräuchen abzuschwören. Im engen Kontakt mit der christlichen und europäischen Kultur hatten sie das wahre Gesicht der deutschen Missionare entdeckt. Diese Erfahrungen waren der Ausgangspunkt für ihren Kampf gegen die Ungerechtigkeit und den Rassismus einerseits und um ihre kulturelle Identität andererseits – auf dennoch christlichen Missionsfeldern in Westafrika.

Der Autor **Kokou Azamede** ist Historiker und lehrt an der Universität Lomé, Togo. Seine Forschungsschwerpunkte sind transkulturelle Studien, deutsche Missions- und Kolonialgeschichte in Westafrika.

SCHNELLES WISSEN

Tauschten die Deutschen Sansibar gegen Helgoland?

Die Insel Sansibar östlich des heutigen Tansania war seit 1861 ein unabhängiges Sultanat und wurde niemals Teil der Kolonie »Deutsch-Ostafrika«. Das Deutsche Reich erklärte 1890 gegenüber Großbritannien, grundsätzlich von Ansprüchen auf Sansibar abzusehen. Dafür übergaben die Briten den Deutschen 1890 die von ihnen kontrollierte Nordseeinsel Helgoland. Einen direkten Tausch der beiden Gebiete gab es also nie.

Die Angst der weißen Männer

Lange stritt man um die Gültigkeit von Ehen zwischen Schwarzen und Weißen. Den Gegnern ging es um die Bewahrung der deutschen »Rasse«.

Zu den interessantesten Problemen der deutschen Kolonialrechtswissenschaft«, so schrieb 1913 Eduard Hubrich in der »Zeitschrift für Politik«, gehöre »unbestreitbar die Mischehenfrage«. Leider aber stelle sich aufgrund »verwässerter Humanitätsschwärmerei« noch immer mancher gegen das Verbot von Ehen zwischen deutschen Siedlern und Afrikanern. Dabei dürften die deutschen »Schutzgebiete« nicht »der Aufzüchtung einer dem deutschen Kulturinteresse recht fragwürdig gegenüberstehenden Mischlingsrasse ... ausgeliefert sein«.

Viele Deutsche teilten Anfang des 20. Jahrhunderts die Ängste Hubrichs vor Liebesbeziehungen zwischen kolonisierenden Deutschen und Einheimischen: Schon 1896 hatte die Deutsche Kolonialgesellschaft Sorge geäußert, dass sich Deutsch-Südwestafrika zur »Bastard-Kolonie« wandeln könne. 1905 erließ man dort ein Verbot von »Mischehen«. Ein Jahr später folgte Deutsch-Ostafrika, und 1912 untersagte auch Deutsch-Samoa solche Verbindungen.

Sexuelle Beziehungen in den Kolonien waren, freundlich formuliert, vielschichtig: Kolonisten zwangen schwarze Frauen zum Sex, manche schwängerten Einheimische und ließen sie mit den Kindern sitzen. Doch es gab andere, die sich tatsächlich verliebten und die Erbansprüche ihrer Frauen und Kinder per Eheschließung sichern wollten. Nach Schätzungen hatten 90 Prozent der weißen Kolonisten – die ohnehin weit überwiegend männlich waren – außereheliche Beziehungen zu Indigenen.

Deutsche Rassisten aber hatten etwas gegen Erbansprüche in Deutschland. So wetterte Paul Rohrbach, »Ansiedlungskommissar« von Deutsch-Südwestafrika, Weißen gehe durch den Einfluss schwarzer Geliebter »jedes Gefühl für Sitte, Kultur, gesellschaftliche Ordnung und nationale Würde« verloren – bis sie ganz »verkaffert« seien.

Kinder solcher Beziehungen stellten die rassistische Vorstellung einer klaren Grenze zwischen Schwarz und Weiß infrage. An den Folgen litten Nachkommen über Generationen – wie der aus einer Missionarsfamilie stammende Ingenieur Ludwig Baumann. Er hatte eine deutsche Schule und Hochschule besucht und war weder in Hautfarbe noch Sprache von »weißen« Deutschen zu unterscheiden. Aber das Obergericht in Windhuk erklärte ihn 1913 zum afrikanischen »Eingeborenen«, damit galt deutsches Recht für ihn nicht. Seine Urgroßmutter war Afrikanerin gewesen.

Doch während sich die Gerichte und Verwaltungen vor Ort in den Kolonien bemühten, die Rassentrennung zu festigen, bewegte man sich in Deutschland ein Stück in die Gegenrichtung: Am 8. Mai 1912 nahm die Mehrheit im Reichstag nach heißer Debatte die Resolution zu einer Gesetzesinitiative an, die die Gültigkeit aller Ehen zwischen Kolonisten und Einheimischen sichern sollte. Zur Umsetzung kam es jedoch vor dem Ersten Weltkrieg nicht mehr. Nach seinem Ende verlor Deutschland 1919 im Friedensvertrag von Versailles alle Kolonien – die Diskussion um die Beziehungen in den Gebieten hatte sich damit erledigt.

Liebe zwischen Menschen unterschiedlicher Hautfarbe aber erregte noch lange die Gemüter: So erreichte 1929 die Frage einer Leserin die Zeitschrift »Die Ehe« im zeittypisch rassistischen Duktus: Ob wohl »moralische oder gesetzliche Bedenken« gegen die Ehe einer Weißen mit einem Schwarzen existierten. Sie frage für eine Freundin, die sich als Wirtschafterin eines Gutshofs in einen schwarzen Hausdiener verliebt habe. Als Kind sei er 1913 vom Gutsbesitzer aus der Kolonie Kamerun mitgenommen worden. Die Redaktion der liberalen Zeitschrift gab keine Antwort, druckte aber zwei Leserantworten ab – beide rieten von der Eheschließung ab.

Danny Kringiel

Menschenzoo

Lange war es populär und profitabel, Menschen aus fernen Ländern wie Tiere auszustellen. Mit der »1. Deutschen Colonial-Ausstellung« von 1896 wurde es auch politisch.

Von Frank Patalong

Für nur dreißig Pfennige Toreinlaß«, so ließ der volkstümliche Satiriker Julius Stinde seine populäre Kunstfigur »Wilhelmine Buchholz« in einem Buch vom Besuch der Kolonialausstellung in Treptow erzählen, »treten wir in unsere Kolonien, am Karpfenteich zwischen den Gebüschen malerisch gelegen, und können eine Vorstellung von unseren Erwerbungen in Afrika gewinnen.«

Billiger reisen war 1896 kaum denkbar, zumal die Anfahrt nach Afrika und Papua-Neuguinea in diesem Fall per Pferdebahn möglich war. Vom 1. Mai bis zum 15. Oktober 1896 hatte der Verein Berliner Kaufleute und Industrieller im Rahmen seiner »Berliner Gewerbeausstellung« Teile von Kairo sowie afrikanische und melanesische Dörfer vor die Tore Berlins verlegen lassen.

Die »1. Deutsche Colonial-Ausstellung« sollte dem Land

zeigen, dass er sich lohnte, dieser durchaus umstrittene Kolonialismus. Also wurde geklotzt und nicht gekleckert. Auf größerem Areal als die Weltausstellungen in Paris und London präsentierten 3780 Aussteller auf 917000 Quadratmetern, was sie zu bieten hatten: Das Gewerbe zeigte die Früchte seiner kolonialen Aktivitäten, während Nachbauten kolonialer Szenerien für die damals so gefragte »Exotik« sorgten. Allein »Kairo« brachte es inklusive Pyramidenattrappen auf 36000 Quadratmeter; 400 Menschen, nicht alle von ihnen tatsächlich aus dem arabischen Raum, belebten diese Kulisse. Für eine weitläufig-lockere Atmosphäre sorgten Grünlagen und künstliche Gewässer, auf denen elektrische Boote ihre Kreise zogen.

Ebenfalls elektrische Straßenbahnen verkürzten im Drei-Minuten-Takt für nur 10 Pfennig pro Fahrt die Wege auf dem Gelände, das nicht nur Messe, sondern auch Rummel sein wollte. »Die Berliner Gewerbeausstellung«, berichtete am 16. Mai 1896 so stolz wie euphorisch »Der Bär«, eine Berliner illustrierte Wochenzeitschrift, »hat die Augen der gesamten Welt auf Berlin gerichtet.«

Vor allem aber richtete sie die Augen der Deutschen auf das, was sich das Reich da draußen in der Welt angeeignet hatte. Die »Hütten der auswärtigen Eingeborenen«, heißt es in Stindes Buchholz-Buch, seien zwar für »das Stralau-Rummelsburger Klima nicht geeignet, dagegen nach der afrikanischen Bauordnung einwandfrei«.

Und zudem ja auch von echten »Eingeborenen« bevölkert, die man als Ausstellungsobjekte nach Berlin verfrachtet hatte! Näher kam man an diese normalerweise nicht heran, was eine einmalige Gelegenheit war, sie kennenzulernen – wenn auch bitte nicht zu genau: Ihre Musik klinge, spottete Stinde,

»als ob Teppiche geklopft werden, und einer lernt Klarinette dazu«.

Die angeblichen Missklänge wurden allerdings wohl nur im Dienst der Show produziert, wenn man dem offiziellen Bericht der Veranstalter glaubt. Denn abends und unter sich musizierten die fast ausnahmslos christlich-europäisiert sozialisierten Indigenen aus Übersee auch mit der Geige, und »in tadelloser Reinheit des Tones erklangen im vierstimmigen Gesang ›Die Wacht am Rhein‹, ›Heil dir im Siegerkranz‹ und verschiedene Choräle«. Kurz vor Abreise mischte sich noch »Muss i denn, muss i denn zum Städtele hinaus« ins zunehmend reichhaltigere Repertoire der vermeintlichen »Wilden«.

Draußen in den Gehegen aber galt es, der Zivilisation die einfache Schönheit des »primitiven« Lebens vorzuführen. Der Tag der Ausgestellten begann mit einem Morgenappell, auf den die Abarbeitung eines streng reglementierten Dienstplans folgte: Auf dem standen je nach Herkunft die Nachstellung von – natürlich erfolglosen – Schlachten gegen die Kolonialherren oder Tänze, Kochen im Erdloch, Bootsfahrten und musikalische Darbietungen. Über sechs Monate war das der Alltag der Bewohner des Menschenzoos, täglich begafft von Zehntausenden Europäern.

103 Männer, Frauen und Kinder im Alter zwischen dreieinhalb und 40 Jahren hatte man mit Versprechungen und Verträgen aus Afrika und Papua-Neuguinea nach Berlin gelockt. Man präsentierte sie in vier Dörfern, die sich auf rund 60 000 Quadratmetern ausbreiteten. Dass sie sich entgegen ihrer tatsächlichen Lebensweise halb nackt in inszenierten »Karawanen«, als »Menschenfresser« oder in unzählige Male wiederholten Aufführungen zeigen sollten, dürfte vielen nicht klar gewesen sein. Einige der Afrikaner waren sogar in der Hoff-

nung nach Europa gekommen, endlich das Land der Kolonialherren kennenzulernen und vielleicht sogar eigene Rechte einfordern zu können. Als sie ankamen, wurden sie zwar als Vertreter ihrer Völker begrüßt – aber in einem zynischen Sinn.

In sechs Monaten zogen 7,4 Millionen Besucher an diesen menschlichen »Exponaten« vorbei. In aufgeräumter Stimmung scherzte man, warf den Eingehegten Essensbrocken zu oder versuchte, sie zu Reaktionen zu reizen: »Wir gebildeten Europäer«, ließ Stinde seine Wilhelmine berichten, »standen an dem Gehege und sahen zu. Manche riefen Redensarten, die sie gottlob nicht verstanden, aber mir schien, als wenn die Frau unter ihrer Wangenschwärze erröthete, wenn den Schnoddrigkeiten wieherndes Gelächter folgte. Sie erhob sich und blickte die Weißen an. Was sie wohl dachte? Dann nahm sie ihre Kinder an der Hand und verzog sich in die Hütte.«

Julius Stinde war vor allem als Autor humoristischer Stücke fürs Volkstheater bekannt. Entsprechend deftig war der Humor in seinem Bericht über die Kolonialausstellung – bis hin zum Klischee vom »Menschenfresser«, dem man lieber »nicht zu nahe kommen« wolle.

Seine Kunstfigur Wilhelmine war eine in mehreren Büchern eingeführte literarische Gestalt, die man als selbstironische Kommentatorin ihrer Zeit kannte. Doch den 1897 erschienenen Ausstellungsbericht »Hotel Buchholz« verfasste Stinde tatsächlich im Auftrag der Veranstalter und von ihnen vorab bezahlt. Es war einer der Schlussakkorde eines propagandistischen Loblieds auf das kolonial aufgewertete Reich. Für die Propaganda setzte man auf den Reiz der Exotik und wollte sicherstellen, dass der auch wirklich jeden erreichte.

Wirklich neu war die Ausstellung von Menschen in Europa

damals schon lange nicht mehr. Menschen, die auffällig anders, »fremd« aussahen, wurden bereits im Mittelalter als Attraktionen vorgeführt. Schon gegen 1530 professionalisierte Kardinal Ippolito de' Medici das Ganze und ergänzte die Menagerie des Vatikan um eine feste Ausstellung »exotischer« Menschen. Bewundern konnte man dort neben Afrikanern auch Tataren, »Indianer« und Türken.

So etwas gab es profaner auch im Kleinen. Als 1691 der Pirat William Dampier von einer langen Reise nach London zurückkehrte, hatte er nicht viel mehr als seine Kleidung und einen Sklaven dabei: »Jeoly« war angeblich ein malaiischer Prinz, von Kopf bis Fuß tätowiert und deshalb bestens geeignet, als Showattraktion an die Kneipe »The Blue Boars Head« verkauft zu werden. Für ein paar Monate wurde er dort »täglich ab 16 Uhr« weitgehend nackt vorgeführt. Dann erkrankte er und wurde zu schwach für die Bühne. Als er wenig später, 30 Jahre jung, an den Pocken starb, begrub man ihn immerhin christlich – allerdings ohne seine tätowierte Haut, versteht sich: Die wurde von einem Arzt abgezogen und zwecks weiterer Ausstellung konserviert.

Die frühe Kolonialzeit ist voller solcher Geschichten – Menschen wurden als Objekte zum Begaffen versklavt. Doch erst Mitte des 19. Jahrhunderts entdeckten findige Geschäftsleute, dass sich die Ausstellung von Menschen noch weit profitabler professionalisieren ließe.

In Amerika war es der Geschäftsmann P. T. Barnum – im Musical »The Greatest Showman« zum Entertainer verklärt –, der skrupellos nicht nur Tiere, Versehrte und Missgebildete, sondern auch Indigene zum Geschäft machte. Zum größten Veranstalter des Menschenzoos aber wurde ein Deutscher: Carl Hagenbeck begann als Tierhändler, der sich bald auch einen eigenen Zoo in Hamburg leistete. Als Elefanten als bestaunenswerte Neuigkeit immer weniger zogen, ergänzte er seinen Park von 1874 an um Gehege mit menschlichen Exoten.

Hagenbeck heuerte Gruppen Indigener als »Showtruppe« an, die erst aufwendig im Zoo präsentiert und dann »auf Tournee« durch Europa geschickt wurde. Solche tingelnden Völkerschauen wurden in den darauffolgenden 70 Jahren auch von zahlreichen anderen Geschäftemachern betrieben. Die tief rassistische Aussage der Schauen führte Zehntausenden Europäern unmittelbar vor Augen: Es gab jene – die Weißen –, die das Geschäft machten, und jene – die anderen –, die unter Einsatz ihrer Körper und ihres Lebens dafür sorgen mussten, dass das Geschäft lief. Es sind Fälle bekannt, in denen nur ein Bruchteil der Ausgestellten das Engagement überlebte – viele starben, ausgezehrt von Klima und Krankheiten, gegen die sie keine Resistenzen besaßen. Mehr als 300 Indigenengruppen mit bis zu 100 Personen sollen allein in Deutschland zur Schau gestellt worden sein – europaweit wurden Zehntausende für derartige Spektakel missbraucht.

Gegen Ende des 19. Jahrhunderts war all das vielen gebildeten Bürgern bewusst. Wollte man mit der Kolonialausstellung also einen positiven Effekt erzielen, musste es den dort Ausgestellten besser ergehen – zumal die Indigenen nun nicht mehr allein als rassistische Klischees vorgeführt werden sollten, sondern als nützlicher Zugewinn für das Reich. Genau das unterschied die neuen Kolonialausstellungen von den kommerziellen Völkerschauen: Es ging nicht mehr nur um Entertainment, sondern auch um Propaganda. Aber auch das änderte wenig an der rassistischen Grundidee.

Besonders deutlich spürt man das im offiziellen Bericht

zur Treptower Völkerschau: »Deutschland und seine Kolonien im Jahre 1896« macht auf rund 400 Seiten klar, warum sich ein europäisches Land wie Deutschland parasitär auf fremde Länder setzen sollte. Deren Bewohner wurden nun nicht mehr als furchterregende »Wilde« oder exotisch-erotische Projektionsflächen präsentiert, sondern als kaiserliche Untertanen. Mit vielleicht seltsamen Sitten, aber unter dem Strich eben als Bereicherung für das Deutsche Reich – im eigentlichen Sinne des Wortes.

Da durfte es nicht passieren, dass im Gehege Kinder starben und vor Ort verscharrt wurden, was bei Völkerschauen vorgekommen war. Folgerichtig wurden die Ausgestellten akribisch überwacht: Der Bericht schildert ausführlich alles, was man in Sachen Ernährung und Kleidung, Hege und Pflege unternahm.

Halb nackt waren die Ausgestellten zu kälteren Jahreszeiten demnach nur scheinbar: Man gab ihnen auf ihre jeweilige Hautfarbe abgestimmte Unterkleidung. Untergebracht waren sie in Gruppenhütten, streng nach Geschlecht getrennt, die dank Kalkwänden und Teerböden angeblich gut vor Nässe schützten: »Was die Lösung so schwierig machte, war, dass der malerische und ethnologische Charakter, den Künstler und Gelehrte mit rühmenswertem Feingefühl dem äußeren Gesamteindruck der Ausstellung aufzuprägen verstanden hatten, nicht unter dem Zwang praktischer Lebensbedürfnisse leiden durften.«

Zur Abhilfe ersannen die Ausstellungsmacher pragmatische Lösungen. Für Wärme sorgte etwa, dass es in den Schlafhütten keine Fenster gab, »aber die frische Luft cirkulierte ungehindert durch die fast den ganzen Tag geöffneten Thüren«. Intimsphäre? Fehlanzeige.

Das galt auch bei der ärztlichen Examination. Die erfolgte jeden Morgen beim Appell und darüber hinaus dienstags durch den »Kreisphysikus Dr. Elten« sowie »Stabsarzt Dr. Kohlstock«. Die zwei fassten das als eine Art Musterung auf und untersuchten die nackten Menschen öffentlich in Gruppen.

»Diese Untersuchungen erreichten ein plötzliches Ende durch die unerwartete Weigerung sämtlicher Leute, sich körperlich von diesen beiden Herren untersuchen zu lassen«, heißt es dazu im Bericht. Die Menschen streikten gegen ihre Entwürdigung, offenbar mit Erfolg.

Krank waren die meisten schon bei ihrer Ankunft im April, worüber man sich nicht wundern könne, heißt es im ärztlichen Bericht, da »diese Leute aus den Tropen kamen«. Dass der Krankenstand dann aber über die gesamte Zeit recht hoch ausfiel, scheint die Ärzte doch überrascht zu haben. Zwischen Mai und August registrierten sie so viele Erkältungs- und Durchfallerkrankungen, dass sie nicht protokollierten, was als harmlos verbucht wurde.

Nicht harmlos waren dagegen: drei Fälle schwerer unspezifischer Infektionen, drei schwere Darmerkrankungen, eine Lähmung, eine tödlich verlaufende Hirnhautentzündung, zwei erhebliche, operationsbedürftige Abszesse, ein Fall von Malaria und sieben schwere Lungenentzündungen, zwei davon tödlich. Siebenmal landeten Ausgestellte in der Charité, dreimal in anderen Krankenhäusern. Drei junge Männer überlebten ihren Aufenthalt in Treptow nicht.

Die anderen aber, versicherte Dr. Wilhelm Gronauer, Verfasser des ärztlichen Berichts, verließen Deutschland im Herbst 1896 mit deutlich mehr Speck auf den Rippen, als sie mitgebracht hatten – Versorgung und Fürsorge sei Dank, so rühmte man sich. Dass es zu einer derartigen Häufung von Erkältungskrankheiten und Lungenleiden gekommen war, lag seiner Ansicht nach auch weniger am Klima. Schuld daran trage wohl eher »das sumpfige Terrain«, auf dem die »Eingeborenen-Dörfer« errichtet worden waren.

Gronauer schließt dieses Dokument der Menschenverachtung darum auch mit einer Note, die zu neuen Stufen der kolonialen Ausbeutung einlud: »Bei der nötigen Pflege also scheinen unsere schwarzen Landsleute sehr leicht bei uns dem Klima widerstehen zu können.«

SCHNELLES WISSEN

Worum ging es bei der Kongo-Konferenz?

Die Kongo-Konferenz fand vom 15. November 1884 bis zum 16. Februar 1885 in Berlin statt. Zu ihr hatte der deutsche Reichskanzler Otto von Bismarck Kolonialstaaten eingeladen, um über die Freiheit des Handels an den afrikanischen Flüssen Niger und Kongo zu verhandeln. Vertreter Afrikas waren nicht eingeladen. An der Konferenz im Reichskanzlerpalais im Berliner Stadtzentrum nahmen Abgesandte aus Deutschland, den USA, dem Osmanischen Reich, Österreich-Ungarn, Dänemark, Italien, Belgien, Großbritannien, Frankreich, den Niederlanden, Russland, Spanien, Portugal und Schweden-Norwegen teil.
Am Ende der Verhandlungen stand die Unterzeichnung der »Kongoakte« durch die 14 teilnehmenden Staaten. Das Abkom-

men gab unter anderem die Flüsse Niger und Kongo für die internationale Schifffahrt frei und legte ein internationales Verbot des Sklavenhandels fest.
Außerhalb des schriftlichen Abkommens bestätigten die Konferenzteilnehmer den »Kongofreistaat« als privaten Besitz der »Internationalen Kongogesellschaft«. Praktisch wurde das Gebiet der heutigen Demokratischen Republik Kongo damit Privatbesitz des aus dem Haus Sachsen-Coburg und Gotha stammenden belgischen Königs Leopold II. (1835 bis 1909).
Die auf der Kongo-Konferenz festgelegten Grenzen haben bis heute Gültigkeit für afrikanische Staaten, die nach dem Ende des Kolonialismus entstanden sind.

»Mit Küssen und Kosen gibt man keinen Liebesbeweis«

100 Hektar Land, Spitzengehalt, ein Heer von Bediensteten: Das kleinbürgerliche Ehepaar Schmidt erlebte auf einer Plantage in Deutsch-Ostafrika das privilegierte Leben der Kolonisten.

Von Katja Iken

Wenn draußen vor der Haustür der Löwe brüllt, muss drinnen ein starker Mann her. Großformatig prangt eine Fotografie des Hermannsdenkmals an der Wand im Wohnzimmer der Familie Schmidt auf der ostafrikanischen Kautschukplantage Mwule – rund 7000 Kilometer Luftlinie vom Teutoburger Wald entfernt. Zornig reckt der Germanenfürst das Schwert in die Höhe, als wolle er die Schmidts vor allem Ungemach dieser bedrohlichen Welt da draußen schützen: vor Raubtieren und Riesenschlangen, Malaria, aufständischen Arbeitern und Missernten.

Doch selbst Hermann, Sieger über römische Legionen und symbolischer Beschützer aus ihrem westfälischen Zuhause, war machtlos gegen das Heimweh, das Frieda Schmidt immer wieder übermannte. »O, es ist schrecklich, in dieser Zeit in Afrika zu sitzen, von aller Verbindung abgeschnitten und ohne Geld. O, dieser elende Krieg!«, klagte die junge Frau am 15. September 1917 in ihrem Tagebuch. Da war sie 27 Jahre alt – und wollte nur noch eines: auf schnellstem Weg heim nach Deutschland.

Das koloniale Abenteuer, in das sich Frieda Schmidt 1913 so voller Elan gestürzt hatte, ihr Traum von Reichtum und Ansehen, vom besseren Leben unter blauem Himmel, war auf ganzer Linie gescheitert. Die einstige Chefin der Plantage war zur bedürftigen Bittstellerin herabgesunken: »Schuh und Strümpfe sind zerrissen, durch die Hose pfeift der Wind«, fasste Frieda Schmidt ihre Notlage zusammen. Dabei hätte alles so gut werden sollen – so viel besser als daheim in Schötmar, wo sie als Uhrmachertochter Frieda Kleböhmer 1890 als fünftes von acht Kindern zur Welt kam.

Nach der Volksschule bot Frieda per Zeitungsinserat Handarbeitsunterricht an und arbeitete als Kindermädchen; 1911/12 begegnete sie dem Kieler Kaufmannssohn Gottfried Schmidt. Ein Mensch, der Müßiggang verabscheute und selbst im Jenseits noch ackern wollte: »Meinen Himmel möchte ich mit recht viel Arbeit haben«, schrieb er in seinem Tagebuch. Aus Mangel an beruflichen Perspektiven in der Heimat war Schmidt 1904 zunächst nach New York ausgewandert, danach im Auftrag deutscher Handelsgesellschaften durch die deutsche Kolonie Kamerun gereist.

1912 bot sich Schmidt die Chance seines Lebens: Er ergatterte eine Stellung als Pflanzungsleiter auf einer Plantage in Deutsch-Ostafrika. Ein Spitzenjob: Schmidt bezog ein Jahresgehalt von 6000 Mark im ersten, 7000 Mark im zweiten und 8000 Mark im dritten Jahr – zu einer Zeit, als ein Angestellter im Kaiserreich zwischen 1800 und 2400 Mark im Jahr verdiente. Sein einziges Problem: Wie so viele Siedler hatte Schmidt keine Ehefrau.

Auf die rund 5000 weißen Männer kamen in Deutsch-Ostafrika zu jener Zeit nur gut 800 weiße Frauen. Um dem Mangel in den Kolonien entgegenzuwirken, fungierte der »Vaterländische Frauenverein« als Partnerbörse; er vermittelte Briefkontakte zwischen Kolonisten und heiratswilligen Frauen in Deutschland. Auch die Deutsche Kolonialgesellschaft organisierte ein Fraueneinwanderungsprogramm: Ab 1899 trafen die ersten Heiratswilligen in Südwestafrika ein, wo die deutschen Männer die Schiffe als »Mädchenfuhren« und »Weihnachtskisten« feierten.

»Deutsche Frauen brauchen wir in den Kolonien!«, so ein Aufruf der 1908 gegründeten Deutschen Kolonial-Frauenschule zu Witzenhausen. »Nur durch geordnete Verhältnisse und echt deutsches Familienleben werden die Kolonien auch innerlich deutsch werden.« Im Klartext: Deutsche Frauen waren unabdingbar zum Erhalt der »weißen Herrenrasse«, Basis deutscher Unterdrückungsherrschaft in Afrika.

Gottfried Schmidt setzte nicht auf externe Eheanbahnung, er nahm sein Schicksal selbst in die Hand: Um »den langen Jahren … der Einsamkeit in den Tropen« ein Ende zu setzen, umwarb er Frieda per Brief. Obwohl sie ihren Zukünftigen nur wenige Male gesehen hatte, nahm sie seinen schriftlichen Heiratsantrag an: »Die Ehe mit Gottfried und der Umzug in die Kolonie Deutsch-Ostafrika bedeutete einen enormen sozialen und wirtschaftlichen Aufstieg«, sagt die Afrikanistin Marianne Bechhaus-Gerst. Die Professorin an der Universität Köln hat den aus Tagebüchern, Briefen, Aufzeichnungen sowie rund 450 Fotografien bestehenden Nachlass der Familie Schmidt ausgewertet.

Die verlockende Aussicht, vom weitgehend rechtlosen Dienstmädchen zur Herrin über ein Heer von Bediensteten aufzusteigen und zudem die verschuldeten Eltern zu unterstützen, ließ Frieda Schmidt im Frühling 1913 in Hamburg den Reichspostdampfer besteigen. Am 30. April 1913 betrat sie in der Hafenstadt Tanga erstmals afrikanischen Boden, schon am nächsten Tag vermählte ein Beamter der Kolonialverwaltung das Paar.

Kein Hochzeitkleid, kein Tanz, kein rauschendes Fest – dafür Moselwein, Zigarren und ein Kaiserporträt an der Wand: Ernst blickte Frieda Schmidt am Tag dieser Vernunfteheschließung in die Kamera. Ihr Mann besaß die Taktlosigkeit, Frieda mitzuteilen, dass sie nicht seinem Schönheitsideal »von 175–180 cm« entsprach; auch sonst hielt er wenig von Romantik: »Mit Küssen und Kosen gibt man keinen Liebesbeweis; Liebe will durch Tat und Arbeit gezeugt und bewiesen werden«, so Gottfried Schmidt.

Statt einer Hochzeitsreise bestieg das Brautpaar die Usambarabahn landeinwärts ins fruchtbare, dünn besiedelte Hinterland von Tanga, wo eines der wichtigsten Plantagengebiete der Kolonie lag. Bei Streckenkilometer 63,7 stiegen die Schmidts aus. Von Trägern ließen sie sich den restlichen Weg bis zum Tropenhaus tragen – durch Löwengruben geschützt, auf einer Anhöhe gelegen. Zu beschwerlich wäre der Fußmarsch über verschlungene Trampelpfade für die Herrin und den Herrn von Mwule gewesen: einer rund 100 Hektar großen Plantage, auf der laut Afrikanistin Bechhaus-Gerst rund 200 Einheimische für einen Hungerlohn schufteten.

Gottfried Schmidt machte keinen Hehl aus seiner rassistischen Geringschätzung dieser Arbeitskräfte. »Wer länger unter Eingeborenen gelebt hat«, schrieb der Kolonist, »wird wohl kaum für die Abschaffung von Kette und 25 stimmen.« »Kette« bedeutete, dass die Menschen während der Zwangsarbeit an Hals oder Fußgelenken in eiserne Fesseln gelegt und aneinandergekettet waren; die Zahl 25 stand für 25 Hiebe mit der zumeist aus Flusspferdhaut hergestellten Peitsche.

Afrikaner seien »für uns das größte Kapital«, das »richtig behandelt werden will, soll es gute Zinsen bringen«, so Schmidt. Dazu gehöre etwa, dass zwischen dem Körper des Ausgepeitschten und dem »Schlaginstrument« ein Tuch liege, »um ein Blutigschlagen auf jeden Fall auszuschließen«. Gezüchtigt werden solle generell nicht im Übermaß, betonte Gottfried. Doch »ohne ab und zu mal einige Denkzettel geht's nicht, dazu ist der Nigger noch nicht erzogen genug«.

Von zivilisatorischer Überheblichkeit und einem grundsätzlichen Misstrauen war auch Schmidts Frau Frieda durchdrungen: Die Einheimischen titulierte sie abschätzig als »Nigger«, »Horde Eingeborener« oder »dies farbige Volk«, das sie nun einmal »nicht gut leiden kann«. Allein vor den als kriegerisch gefürchteten Massai hatten die Schmidts Respekt: Sie mussten auf der Plantage keine Knochenarbeit verrichten und Kautschuk zapfen, sondern hatten die Maisfelder zu bewachen. Die Massai »sollen direkte Nachfahren der alten Ägypter sein«, beschriftete Frieda Schmidt ein Foto von vier Massai in dem Tagebuch, das sie gemeinsam mit ihrem Mann für Tochter Käte führte.

Der ersehnte »weiße« Nachwuchs kam am 30. April 1914 zur Welt, genau ein Jahr nach Friedas Ankunft in Afrika. Während Einheimische schon im Kleinkindalter als Wasserträger ausgebeutet wurden, wie Fotos im Tagebuch der Familie

Schmidt zeigen, führte »Kätimaus« ein privilegiertes Leben auf der Plantage: Bedienstete transportierten das Mädchen in einer »Safarikiste« genannten, mit Luftlöchern versehenen Holzsänfte durch das unwegsame Gelände. Und ein – laut Frieda jedoch völlig unfähiger, verantwortungsloser – »Boy« wachte darüber, dass keine Leoparden oder andere Wildtiere das Kind wegschleppten.

Die Vorstellung, dass das Mädchen einmal mit Einheimischen spielen könnte, war für Frieda Schmidt so absurd, dass sie darüber scherzte: »Kleine Nigger … werden nun bald deine Spielgefährten sein«, schrieb sie neben ein Foto mit afrikanischen Kindern. »Na, lieber nicht!«, fügte ihr Mann hinzu.

Mit Beginn des Ersten Weltkriegs endete die Unbeschwertheit im Hause Schmidt – jäh riss der heitere, um Babygewicht, erste Zähnchen und Schrittchen kreisende Ton im Tagebuch der Familie ab. Jetzt beginne der »Ernst des Lebens in verschärfter Form«, kommentierte Gottfried Schmidt die deutsche Mobilmachung. Die Urkatastrophe des 20. Jahrhunderts (George F. Kennan) brachte nicht nur »unsagbares Leid über Ostafrika«, wie der Historiker Michael Pesek rekonstruiert hat, sondern hob auch das noch relativ junge, fragile Kolonialgefüge aus den Angeln.

Die qua Weißsein vermeintlich überlegenen Schmidts verloren im Krieg ihren sozialen Status und sanken von Unterdrückern zu Besiegten herab. Zudem verkehrten sich die Geschlechterrollen: Nachdem ihr Mann Gottfried am 1. Mai 1915 einberufen worden war, übernahm Frieda das Kommando auf der Plantage. »Der Krieg stellte sämtliche Konstruktionen von Gender, Klasse und ›Rasse‹ auf den Kopf«, betont Afrikanistin Bechhaus-Gerst.

Die Bediensteten hätten jeglichen Respekt vor ihr verloren,

klagte Frieda Schmidt in ihrem Tagebuch, zum Schutz vor Übergriffen kaufte sie sich eine Browning-Pistole. Ihre Angst vor einer gewaltsamen Rebellion war berechtigt, wie etwa das Beispiel der deutschen Siedlerin Anna Rau in Ostafrika zeigt: Nachdem Rau ihre Diener jahrelang gedemütigt und geschlagen hatte, wurde die Siedlerin nach der Einberufung ihres Mannes von den eigenen Arbeitern ermordet.

Frieda Schmidt blieb körperlich unversehrt, verarmte jedoch zusehends. Um ihr Überleben zu sichern, musste sie sukzessive ihren Hausrat verkaufen, später sogar bei den verhassten britischen Invasoren Geld leihen. Verzweifelt pochte die Siedlerin auf ihren Status und forderte in Verkennung ihrer tatsächlichen Lage wenigstens drei Bedienstete für sich ein. Vergebens: Einer ihrer langjährigen Hausangestellten machte sich mit dem Bargeld aus dem Staub; schließlich hatte sie nicht einmal mehr Träger und beschwerte sich, weil sie zu Fuß gehen sowie die Hausarbeit allein verrichten musste.

Der Abstieg der Schmidts war unaufhaltsam. Im Frühjahr 1916 wurde Frieda Schmidt von den Briten mit anderen Siedlerfrauen und deren Kindern im Biologisch-Landwirtschaftlichen Institut von Amani in den Usambarabergen interniert, ihre Browning musste sie den Soldaten aushändigen. »Ein widerlicher Anblick. Es sind vielleicht an 2 Europäer und ungefähr 100 Eingeborene, Inder, Nuber usw.«, kommentierte Frieda Schmidt am 20. Juli die bunt zusammengewürfelten britischen Truppen. Dass nun ausgerechnet Inder und Afrikaner ihr, der »weißen« Gebieterin, Befehle erteilten, empfand Frieda Schmidt als »extreme Schande«, so Afrikanistin Bechhaus-Gerst.

Gottfried Schmidt wurde am 17. Juli 1916 von den Engländern gefangen genommen und nach Indien ins Kriegsgefangenenlager Ahmednagar gebracht, wo er drei Jahre lang ausharren musste. Seine Frau Frieda war nun völlig auf sich selbst gestellt. Zwar durfte sie sich trotz Internierung recht frei bewegen und auch zur Pflanzung Mwule zurückkehren – die war jedoch zerstört und ausgeraubt worden: »Unser schönes trautes Heim ein Trümmerhaufen«, klagte Frieda im Tagebuch.

Immer stärker wurde ihr Heimweh nach Deutschland, immer prekärer ihre finanzielle Lage: Zu Weihnachten 1917/18 konnte Frieda Schmidt sich nicht einmal mehr ein Geschenk für ihre kleine Tochter leisten. »Am Heiligabend saßen wir bei Mondschein im Garten, der Löwe brüllte schauerlich, und uns war auch schauerlich zu Sinn«, schrieb die junge Frau.

Erst im März 1919 konnte Frieda Schmidt mit ihrer Tochter Käte ins besiegte Deutschland zurückkehren, all ihre Habseligkeiten passten in einen Koffer. Mit den Worten »O Gott Frieden – aber – was für Frieden!« enden die afrikanischen Tagebucheinträge der Frieda Schmidt. Ihren Ehemann Gottfried sah sie nie wieder: Der einstige Bwana (Herr) von Mwule starb auf seiner Rückreise nach Europa am 1. Februar 1920 in Port Said an einer Lungenentzündung.

SCHNELLES WISSEN

Gingen Soldaten und Siedler freiwillig in die Kolonien?

Die Entsendung von Soldaten, Offizieren und Siedlern in die Kolonien erfolgte auf freiwilliger Basis. Allerdings gab es materielle Anreize: Die Gehälter und die Besoldung in den Kolonien waren erheblich höher als in Deutschland. Hinzu kam der Status als privilegierter »Herr« gegenüber der einheimischen Bevölkerung. Da dies zumeist mit materieller und sexueller Ausbeutung der Einheimischen einherging, zogen vor allem unverheiratete Männer in die Kolonien, auch Verschuldete, die sich durch den Kolonialeinsatz »finanziell gesundstoßen« wollten, wie es im Jargon des Kleinbürgertums hieß. Unverheiratete Frauen hingegen kamen nur in geringer Zahl in die Kolonien.

Was bedeutet der Begriff »Askari«?

Der Begriff stammt aus der ostafrikanischen Sprache Swahili und bedeutet »Soldat«. Er wurde in Afrika von Europäern für Soldaten und Polizisten einheimischer Kolonialtruppen verwendet. In der 1891 durch ein Reichsgesetz geschaffenen »Schutztruppe für Deutsch-Ostafrika« war »Askari« auch die Bezeichnung für den einfachen Mannschaftsdienstgrad. Die ersten Askaris in deutschen Diensten waren Ende der 1890er-Jahre Söldner aus dem Sudan. Aufgrund des für örtliche Verhältnisse hohen Soldes war es für die deutschen Kolonialherren leicht, Askaris zu rekrutieren. Dennoch erhielten diese Krieger nur rund ein Drittel des Soldes der Deutschen.

In der »Schutztruppe« wurden die Askaris von einheimischen Unteroffizieren und deutschen Offizieren kommandiert. Die Befehle wurden auf Deutsch gegeben. Die Deutschen setzten Askaris auch zur Niederschlagung von Rebellionen Einheimischer ein, etwa beim Maji-Maji-Aufstand in Deutsch-Ostafrika 1905. Insgesamt dienten in der deutschen »Schutztruppe« bis 1916 mehr als 13 000 Askaris, mindestens 2850 von ihnen flüchteten jedoch aus der Armee.

Askaris kämpften während des Ersten Weltkriegs bis 1918 im Osten Afrikas für Deutschland gegen britische Truppen. Ein Teil der afrikanischen Söldner siedelte nach dem Ersten Weltkrieg nach Deutschland über. Die Bundesrepublik zahlte den Askaris bis zum Tode des letzten Soldaten Ende der Neunzigerjahre eine Pension.

»Die Kolonie brennt an allen Ecken«

Wie ein Kolonialoffizier den Maji-Maji-Aufstand in Ostafrika erlebte

Im Juli 1905 begann in »Deutsch-Ostafrika«, dem heutigen Tansania, der »Maji-Maji-Aufstand« gegen die deutsche Kolonialherrschaft. Bei der Bekämpfung der Rebellen, die zeitweilig ein Drittel Tansanias kontrollierten, verbrannten die deutschen Kolonialtruppen Dörfer und Felder. Das führte zum massenhaften Hungertod von Einwohnern. Die Zahl der Opfer wird auf 75 000 bis 300 000 geschätzt.

Die »Militärgeschichtliche Zeitschrift« veröffentlichte 2002 Briefe des Hauptmanns **Rudolf von Hirsch,** der in der deutschen »Schutztruppe« an der Aufstandsbekämpfung teilnahm. Die Orthografie entspricht den Originalbriefen. Auszüge:

Aus einem Brief vom 25. September 1905

Daressalam ist reizend gelegen. Bei der Hafeneinfahrt ist man entzückt von den prächtigen Häusern und Palmenkulissen … Ich marschiere also mit einer großen Trägerkarawane los, die mein Bett, Zelt, Kleiderkoffer, Getränke, Konserven, kurz alles, was ich auf ein Jahr nötig habe, mitschleppen … Hier habe ich nichts zu tun, als für meine Ausrüstung zu sorgen und etwas Suaheli zu lernen.

Aus einem Brief vom 23. Oktober 1905
Die Strafgewalt ist von 25 Stockschlägen bis ein halbes Jahr Arbeit an der Kette; ich kann aber bis zur Todesstrafe verhängen u. sofort vollstrecken lassen, brauche aber die nachträgliche Genehmigung des Gouvernements. Tod durch den Strang ist augenblicklich nichts seltenes.

Aus einem Brief vom 19. Januar 1906
Bei Langenburg am Nyassa-See waren in Richtung auf Iringa unglückliche Gefechte, Stabsarzt Wiehe ist dabei gefallen (er fuhr mit mir heraus). Der Gegner ist ob all' der Erfolge sehr groß geworden … Die Stimmung ist beiderseits sehr verbittert, die Askaris glühen vor Rachedurst …

Aus einem Brief vom 1. Februar 1906
9000 bis 10 000 Aufständische stehen auf unserem Wege. Also wird es blutiger Ernst werden, da wir sie zwingen werden, sich zu stellen, denn es werden von uns alle Felder vernichtet u. die Häuser verbrannt werden, die auf dem Wege liegen.

Aus einem Brief vom 28. Juli 1906
Der Gegner ist unterworfen. Es genügte unsere Anwesenheit, ihn zu erinnern, dass Macht vor Recht geht, denn dass wir auch das Recht haben, ist diesen Hinterwäldlern … noch nicht klar

geworden. Eine Abteilung von mir hat auch in einem nächtlichen Überfall vor einigen Tagen den Zauberer Yehandu, den zweitmächtigsten der Rebellenführer, gefangen, und ich habe ihn tags darauf standrechtlich erschossen, was sichtlichen Eindruck auf alle Zuschauer machte, denn ich hatte absichtlich dieser Hinrichtung ein recht feierliches Gepräge mit Musik, Gewehr präsentieren – d. h. vor mir – und einer großen Rede von mir an den Yehandu gegeben ...

Es gibt Schmerzen und Kümmernisse, Leiden und Ekel so furchtbar großer, entsetzlicher Art, wovon sich der normale Mitteleuropäer am warmen Herd zu Hause nichts träumen lässt ... Ich freue mich schrecklich auf zu Hause, ach Gott, erlebte ich es doch ... So weit es noch hin ist, man spricht zu gern von Hoffnungen und Plänen, wenn bloß kein Aufstand dazwischen kommt ...

Der Briefautor **Rudolf von Hirsch** (geboren 1869) schied 1908 aus der »Schutztruppe« aus. Er nahm als Offizier am Ersten Weltkrieg teil und starb 1952.

Geistig gereifte Europäer?

Die deutschen Kolonialisten waren berüchtigt für ihre Prügelstrafen – Siedler und Beamte agierten weit brutaler als in anderen Kolonien.

Von Solveig Grothe

Ausgerechnet die Prügelstrafe war es, wofür deutsche Kolonien in der Welt berühmt waren, stellte ein Jurist 1908 in der »Zeitschrift für Kolonialpolitik, Kolonialrecht und Kolonialwirtschaft« fest: »Vom umfangreichen und vielseitigen Recht unserer deutschen Schutzgebiete ist kein Gegenstand zu so großer, doch unliebsamer Popularität gelangt als die Prügelstrafe und ihre Anwendung«, beklagte er.

Dabei war die körperliche Züchtigung 1871 im Deutschen Reich gerade erst abgeschafft worden. Allerdings: Im Rahmen der »väterlichen Züchtigung« waren Schläge mit dem Rohrstock in der Kindererziehung und bei Schülern und Auszubildenden weiterhin erlaubt.

Erziehung war denn auch das entscheidende Argument der Siedler zur Anwendung der Züchtigung: »Unsere Eingeborenen«, so schrieben weiße Einwohner 1900 an die Kolonialverwaltung in Deutsch-Südwestafrika, lebten einfach in den Tag hinein, auch grundlegende Hygiene beachteten sie nicht. »Für jeden Weißen, der unter Eingeborenen gelebt hat, ist es nicht gut möglich, dieselben als Menschen im europäischen Sinne anzusehen; sie müssen erst mit endloser Geduld, Strenge und Gerechtigkeit im Laufe der Jahrhunderte dazu erzogen werden.«

Vor allem zur Erfüllung ihrer Arbeitspflichten müssten die Einheimischen erst gebracht werden, so deutsche Beamte. Vorläufig sei deshalb nicht daran zu denken, dass für Einheimische »in allen Punkten dasselbe Civil- und Strafgesetz wie für die Europäer Platz greift«. Schließlich hätten sie »noch bei Weitem nicht die Entwicklung, die unsere Gesetze voraussetzen«, befand ein Bezirksamtmann in Togo. Erst durch die Erziehung des »geistig gereiften Europäers« sei es möglich, die Einheimischen »zu einer höheren Stufe der Entwicklung« zu führen.

Laut »Deutschem Kolonial-Lexikon« (1920) galt die Prügelstrafe als die »Form der körperlichen Züchtigung, welche in den afrikanischen Schutzgebieten gegen erwachsene männliche Eingeborene angewandt wird«.

Bei der Prügelstrafe kam die Anordnung im Rahmen der Straf- und Disziplinargerichtsbarkeit einem kolonialen Verwaltungsbeamten zu. Unter dem Deckmantel des »väterlichen Züchtigungsrechts« nahmen die weißen Arbeitgeber die Sache auch sehr oft selbst in die Hand. Dafür waren weder Ablauf noch Instrument gesetzlich vorgeschrieben.

Hinsichtlich der Brutalität machte dies in der Praxis aber kaum einen Unterschied, zumal auch die Festsetzung der Strafen durch die Verwaltungsbeamten nach persönlichem Rechtsempfinden erfolgte. Gesetze oder Verordnungen, die

Der Deutsche ließ sich bedienen: Zahlmeister Fritsch musste sich in Ostafrika nicht die Füße schmutzig machen. Askaris, einheimische Söldner, trugen ihn durch den Matsch (um 1905).

die Anwendung der Prügelstrafe einschränkten, existierten lange nicht.

Die Reichskanzlerverfügung von 1896 legte erstmals die dafür vorgesehenen und amtlich abzunehmenden Marterinstrumente für die Strafjustiz fest, nämlich: Ruten und Gerten. Jugendliche unter 16 Jahren durften nur mit der Rute geschlagen werden; alle anderen waren mit der Peitsche zu bestrafen. Während in Deutsch-Ostafrika und Deutsch-Südwestafrika mit der Nilpferdpeitsche, auch »Kiboko« oder »Schambock« genannt, geprügelt wurde, kamen in Kamerun und Togo Tauenden zum Einsatz.

Der Grund für die Bestrafung stand mit der brutalen Strafe meist nicht im Verhältnis. »Weil er die Ochsen in den Garten laufen ließ«, bekam ein Delinquent in Deutsch-Südwestafrika 25 Schambockhiebe; ein anderer wurde ebenso bestraft, »weil er eine halbe Flasche Rum entwendet und dafür Wasser in die Flasche getan« hatte.

20 Hiebe bekam ein Mann, »weil er seinem Dienstherren, als er von diesem seiner Nachlässigkeit wegen gerügt wurde, eine unverschämte Antwort gegeben« hatte. Mit 25 Hieben und 14 Tagen Kettenhaft wurde ein John Murway belegt, »weil er Unzufriedenheit zu stiften« versuchte und »seinen europäischen Vormann mit dem Schimpfwort ›bloody German‹« schmähte, wie aus den Strafverzeichnissen der Bezirksämter hervorgeht.

Die Maßlosigkeit in der Anwendung wurde auch im Berliner Reichstag zum Thema. 1894 zeigte der Sozialdemokrat August Bebel bei seiner Rede eine Nilpferdpeitsche und erhob den Vorwurf, dass deutsche Kolonialbeamte mit dem Instrument brutal nackte Afrikanerinnen auspeitschen ließen. Andere Abgeordnete verwiesen auf Zeitungsberichte über sexuellen Missbrauch. Das war der Beginn einer länger währenden Diskussion in Parlament und Öffentlichkeit um die Ausbeutung der »Schutzbefohlenen«.

Doch in den Jahren darauf änderte sich wenig, 1905/06 berichteten Abgeordnete im Reichstag erneut von grausamen Prügelstrafen. Johannes Gerstmeyer berichtete der Kolonialabteilung des Auswärtigen Amtes in einem Schreiben vom April 1907, dass im Vergleich zu den englischen und französischen Kolonien in deutschen Schutzgebieten zu viel geprügelt werde.

Kurz darauf veröffentlichte der frisch ins Amt gesetzte

Staatssekretär des Reichskolonialamts Bernhard Dernburg eine »Verfügung des Reichskanzlers wegen Ausübung der Strafgerichtsbarkeit und der Disziplinargewalt gegenüber den Eingeborenen in den deutschen Schutzgebieten von Ostafrika, Kamerun und Togo«; sie sollte die Afrikaner gegen Übergriffe in »Schutz« nehmen.

Der »Prügelerlass«, wie die Verfügung bald genannt wurde, schrieb künftig etwa »die Anfertigung eines Protokolls über die Verhängung und die Ausführung von straf- und disziplinarrechtlichen Züchtigungen« vor. Prügel- und Rutenstrafen sollten nur noch »unter Beobachtung eines Gerichtsbeamten und eines Arztes vollzogen werden«. Prügelstrafen von mehr als 15 und Rutenstrafen von mehr als 10 Schlägen mussten begründet und das Urteil dem Gouverneur sowie dem Referenten für Medizinalangelegenheiten vorgelegt werden.

Das private »väterliche Züchtigungsrecht« blieb von diesem Erlass allerdings unberührt. Und auch hinsichtlich amtlicher Prügel- und Rutenstrafen war weiterhin kein Rückgang festzustellen. Im Gegenteil. Die körperlichen Bestrafungen nahmen teilweise stark zu – analog zum steigenden Bedarf an Arbeitskräften in der Plantagenwirtschaft. Noch 1914 bemerkte der Reichstagsabgeordnete Gustav Noske (SPD): »Die Strafrechtspflege an den Eingeborenen gehört zu den unerfreulichsten Erscheinungen der deutschen Kolonialpolitik und bedarf recht bald einer gesetzlichen Regelung. Wegen ihrer barbarischen Formen gab sie dauernd zur schärfsten Kritik Anlass.«

SCHNELLES WISSEN

Galt in den Kolonien das gleiche Recht für alle?

Nein. Die Rechtsverhältnisse in den deutschen Kolonien wurden im sogenannten Schutzgebietsgesetz (SchGG) von 1886 geregelt. Es unterwarf die einheimische Bevölkerung der deutschen Souveränität. Künftig unterstand sie der kaiserlichen Hoheitsgewalt. Für sie galten jedoch nicht ohne Weiteres die gleichen Gesetze wie für Weiße. Das Gesetz ging laut dem Deutschen Kolonial-Lexikon »davon aus, dass die eingeborene Bevölkerung in den Schutzgebieten in Anbetracht ihres geringen Kulturzustandes im Allgemeinen noch nicht reif ist, rechtlich mit den Europäern auf eine Stufe gestellt zu werden. Wie Paragraf 4 SchGG vorsieht, unterliegen deshalb die Eingeborenen der für die weiße Bevölkerung eingeführten Gerichtsbarkeit nur insoweit, als dies durch Kaiserliche Verordnung bestimmt wird.«

»Friede ist zugleich mein Tod«

Der Nama-Anführer Hendrik Witbooi wehrte sich in Deutsch-Südwestafrika lange gegen das Vordringen der Kolonialisten. Die Deutschen schlugen erbarmungslos zurück.

Von Ruth Hoffmann

Dass Ihr Euch der Regierung der Weißen unterworfen habt und noch dazu glaubt, weise gehandelt zu haben … wird für Euch sein, als ob Ihr die Sonne auf dem Rücken trüget«, schrieb der Nama-Kaptein Hendrik Witbooi im Mai 1890 an seinen Rivalen, den alten Herero-Chief Maharero. Er spielte damit auf eine bekannte Fabel an, in der ein Schakal der Sonne anbietet, sie zu tragen. Als er merkt, dass sie ihm den Rücken verbrennt, versucht er, sie abzuschütteln. Doch als es ihm schließlich gelingt, haben die Brandspuren bereits tiefe Narben hinterlassen. »Ich weiß nicht«, schrieb Witbooi weiter, »ob Ihr und das Herero-Volk die Sitten, Gesetze und Handlungsweise dieser Regierung verstehen werdet und ob Ihr längere Zeit friedlich und ungestört unter dieser Herrschaft werdet bleiben können.«

Witbooi wusste, wovon er sprach. Sein Volk hatte bereits

Bekanntschaft mit den »Sitten« der Weißen gemacht: Aus ihrer ursprünglichen Heimat am Kap waren die Nama, die »roten Menschen«, wie sie sich selbst nannten, von burischen Siedlern verdrängt worden und mussten immer weiter nach Norden ausweichen. Witboois Warnung war Ausdruck dieser Erfahrung früherer Generationen. Er wusste, dass der »Schutzvertrag«, den Maharero mit Reichskommissar Heinrich Göring geschlossen hatte, in Wahrheit nur den Kolonialherren nutzte. Vor ihrer Gier bot kein Vertrag auch nur den geringsten Schutz.

Sechs Jahre war es her, dass der Bremer Kaufmann Adolf Lüderitz den Nama eine Bucht im Süden plus fünf Meilen Hinterland abgekauft hatte – wohl wissend, dass der damalige Kaptein zwar mit der britischen Maßeinheit vertraut war, aber nicht wusste, dass die deutsche Meile fast fünfmal länger war. Gegen 10 000 Mark und 260 Gewehre bekam Lüderitz so ein Gebiet, das viermal größer war als das, was die Nama glaubten verkauft zu haben. Wenige Monate später, am 7. August 1884, wehte dort die Flagge des deutschen Kaiserreichs zu den Klängen von »Heil dir im Siegerkranz«, und vor der Küste feuerten zwei deutsche Schiffe Salut. Auftakt zum »Schutzgebiet Deutsch-Südwestafrika« – der ersten deutschen Kolonie.

Ein bescheidener Start, zumindest aber keine waffenstarrende Machtdemonstration: Zunächst entsandte das Kaiserreich lediglich drei Beamte, um seinen international erklärten Anspruch auf das Land zwischen dem portugiesisch besetzten Angola und der britischen Kapkolonie zu bekräftigen. Erst als sich zeigte, dass die Herrschaft ohne militärische Unterstützung nicht durchzusetzen war, schickte man nach und nach Soldaten hinterher. Vergleichsweise kleine Kontingente allerdings – vor allem gemessen an den etwa 100 000 Ovambo,

80000 Herero, 20000 Nama, 4000 Basters und 40000 Bergdamara und San, die in dem Gebiet lebten.

Ihre zahlenmäßige Unterlegenheit machten die Deutschen mit Waffen wett. Und mit der »Häuptlingspolitik«, mit der sie Volksgruppen gegeneinander ausspielten und gegen die Zusage unbedingter Gefolgschaft militärische Hilfe anboten. »Das war sehr geschickt von den Deutschen, denn so mussten die Anführer die Vorgaben der Kolonialherren an ihre Untertanen weitergeben«, sagt Jürgen Zimmerer, Professor für Globalgeschichte an der Universität Hamburg. »Der Zorn der Bevölkerung richtete sich daher lange Zeit auch nicht primär gegen die Besatzer, sondern gegen die eigenen Großleute.«

Witboois erhaltene Briefe und Aufzeichnungen belegen eindrucksvoll, wie gut er die Mechanismen des Kolonialismus durchschaute und um die Gefahren wusste, die sie mit sich brachten. Zugleich dokumentieren sie seinen – letztlich vergeblichen – Kampf um Unabhängigkeit. Heute gehören sie zum UNESCO-Weltdokumentenerbe.

Der um 1835 geborene Sohn eines Nama-Kapteins wuchs im christlichen Glauben auf, den schon seine Großeltern angenommen hatten. Er war gebildet und beherrschte mehrere europäische Sprachen. Sein Großvater hatte die Nama in den 1850er-Jahren aus der Kapregion über den Oranje geführt, wo sie mit den aus dem Norden vordringenden Herero aneinandergerieten.

Die Konkurrenz der beiden Völker um Wasserstellen und Weidegebiete führte immer wieder zu blutigen Auseinandersetzungen. Nachdem Witbooi 1888 Kaptein der Witbooi-Nama wurde, hatte auch er damit zu tun. Anders als der Herero-Chief verbat er sich in diesem Konflikt aber jede Einmischung der Deutschen. Stattdessen bemühte er sich immer wieder um Frieden mit den Herero – und um einen Schulterschluss gegen die Invasoren aus Europa.

Doch Chief Maharero hatte sich entschieden, den »Schutzvertrag« zu unterzeichnen, um im Kampf gegen die Nama die Deutschen auf seiner Seite zu haben. Im Gegenzug erlaubte er ihnen, in Windhuk eine Militärstation zu errichten. Als Maharero im Oktober 1890 starb, halfen die Kolonialbeamten seinem Sohn Samuel, das Amt zu übernehmen, und unterstützten ihn auch in den folgenden Jahren, indem sie ihm Konkurrenten vom Hals hielten.

Die Abhängigkeit, in die er sich damit begab, war kalkuliert. »Das Vorgehen von Dr. Göring werdet Ihr nicht verstehen«, warnte Witbooi. »Ihr werdet unbefriedigt sein, weil er nicht nach Eurem Willen und altgewohnten Gesetzen handeln … wird. Nun ist es aber schon zu spät … Ihr seid bereits in seiner Gewalt.«

Der alte Streit zwischen Herero und Nama kam den Deutschen gelegen, denn so konnten sie Witbooi in die Enge treiben und als Aggressor hinstellen: Er solle sich fügen und Frieden schließen, schrieb ihm Göring. Man werde es »nicht lange mehr mitansehen«, dass er »das Land und Volk, welches unter deutschem Schutz steht«, beunruhige. »Dass die deutsche Regierung ganz andere Macht besitzt, Dir zu schaden, wirst Du wohl einsehen.«

Witbooi ließ sich nicht einschüchtern, doch ihm war klar, dass der Druck mit jedem »Schutzvertrag« wuchs, den die Deutschen mit anderen Volksgruppen schlossen. »Sie erzählen den Kapitainen, dass sie mit ihnen Freundschaft schließen wollen, damit nicht andere starke Völker den Kapitainen ihr Gebiet wegnehmen«, schrieb er an einen Freund. Ihm scheine es aber, »als ob die Deutschen das Land selbst nehmen möchten«.

Das wollten sie in der Tat. Militärische Gewalt sollte dabei jedoch aus Kostengründen vermieden werden. Man setzte auf Bündnisse, den Erwerb von Land für deutsche Siedler und den allmählichen Aufbau einer Verwaltung. »Die Politik der indirekten Herrschaft sollte die Afrikaner darüber hinwegtäuschen, welche grundlegenden Veränderungen vor sich gingen. So gewann man Zeit, die Strukturen des kolonialen Staates zu errichten«, sagt Zimmerer.

Voller Sorge musste Witbooi mit ansehen, wie sich auch manche seiner Leute zum Landverkauf überreden ließen. Dabei kannte das traditionelle Recht der Nama keine ausschließliche Nutzung von Wasserstellen, Weiden oder Wegen. »Für jeden Reisenden, der durch unser Land kommt, halten wir diese Dinge frei zur Verfügung, sei er von roter, weißer oder schwarzer Farbe«, schrieb Witbooi. Die Deutschen aber »drängen den Menschen … ihre Gesetze auf, verbieten das freie Herumstreifen … verbieten ihnen freie Verfügung über ihr eigenes Wasser und über die Weide«. Ihr Gesetz sei »nur zum Schaden und zur Bedrückung des Menschen«.

Mehrmals suchte der neue Reichskommissar Curt von François Witbooi persönlich in der Siedlung Hornkranz auf, um ihn von der Vergeblichkeit seines Widerstands zu überzeugen. Witbooi ließ sich nicht beirren: »Dieses Afrika ist als Ganzes das Land der roten Kapitaine«, wird er im überlieferten Protokoll der Begegnung zitiert. »Dass wir verschiedene Königreiche und Gebiete besitzen, bedeutet nur eine nebensächliche Unterteilung.«

So viel Eigensinn musste bestraft werden. François wartete nur noch die Verstärkung aus Deutschland ab, dann überfiel er am 12. April 1893 Hornkranz. Nach längerem Gefecht gelang es Witbooi, sich mit seinen Kriegern in die Berge zurückzuziehen. Daraufhin ließ François das Dorf verwüsten, die Bewohner ermorden und 40 Frauen und Kinder nach Windhuk verschleppen.

Witbooi begann nach diesem Massaker einen Guerillakrieg gegen die Deutschen. Seine Briefe zeigen, wie er zugleich versuchte, Allianzen mit anderen Nama-Kapteinen zu schließen und sie für den Widerstand zu gewinnen. Auch mit dem neuen Landeshauptmann Theodor Leutwein, der François im Frühjahr 1884 ablöste, stand er in engem Kontakt: »Ich kann nicht verstehen, dass das Sünde und Schuld ist, wenn ein Mensch sein Eigentum und Gut nicht hergeben will«, heißt es in einem Brief. »Dieser Krieg … ist nicht durch mich verursacht.« Er verkenne die Verhältnisse, antwortete ihm Leutwein. »Dem Deutschen Kaiser gegenüber bist du nur ein kleiner Kapitän.« Er habe »keine andere Wahl als bedingungslose Unterwerfung unter den Willen Seiner Majestät … oder Krieg bis zur Vernichtung«.

Ohne eine weitere Truppenverstärkung konnte Leutwein allerdings nicht losschlagen. So hielt er Witbooi mit angeblichen Friedensangeboten hin – und ließ derweil Bäume fällen, um freies Schussfeld zu haben. Nachdem die angeforderten Soldaten eingetroffen waren, teilte Leutwein Witbooi schriftlich mit, dass er am 20. August sein Quartier in Naukluft angreifen werde. Für das zu erwartende Blutvergießen sei allein Witbooi verantwortlich.

»Ich habe den deutschen Kaiser in seinem Leben noch nicht gesehen«, schrieb der zurück. »Deshalb habe ich ihn auch noch nicht erzürnt, mit Worten oder Taten. Gott der Herr hat verschiedene Königreiche auf die Welt gesetzt, und deshalb weiß und glaube ich, dass es … kein Verbrechen ist, dass ich selbstständiger Häuptling meines Landes und meines

Volkes bleiben will.« Wenige Tage später waren Witbooi und seine Leute umzingelt, die letzte Wasserstelle der Nama unter deutscher Kontrolle. Witbooi blieb nur die Kapitulation.

»So sitze ich nun in Eurer Hand, und Friede ist zugleich mein Tod und der Tod meiner Nation«, notierte er. Am 15. September 1894 unterschrieb er den »Schutz- und Freundschaftsvertrag«. Die Nama mussten in ein Reservat bei Gibeon ziehen, wo sie der Kontrolle des Bezirkshauptmanns unterstellt waren. Bei Bedarf mussten sie aufseiten der Deutschen »Heeresfolge« leisten. »Die Konsolidierung der deutschen Kolonialmacht in Südwestafrika war damit zunächst abgeschlossen«, konstatiert Zimmerer. »Nun begann der Aufbau des Rassestaates mit seiner zunehmenden Enteignung und Entrechtung der Afrikaner.«

In den folgenden zehn Jahren – aus deutscher Perspektive eine »Friedensperiode« – bekämpfte das deutsche Militär mit seinen zur Kollaboration gezwungenen Verbündeten immer wieder »aufständische Stämme«. Mehr und mehr Land ging in die Hände von Deutschen über. Mit welchem Selbstverständnis sich diese in der Kolonie niederließen, zeigen die Aufzeichnungen deutscher Siedlerinnen. Sie schildern das Land als raues Naturparadies, das von guten Christen gezähmt werden müsse, da die Einheimischen dazu nicht in der Lage seien.

Diese Mischung aus Abenteurertum und blankem Rassismus passte ideal zu den Zielen des aufstrebenden Kaiserreichs: Deutsch-Südwestafrika sollte zur Blaupause eines Rassestaates werden – mit einer deutschen Führungsschicht an der Spitze und einem Heer rechtloser schwarzer Arbeiterinnen und Arbeiter. Dass dieses Ziel allein mit »Schutzverträgen« zu erreichen sei, erwies sich jedoch als Irrtum, denn mit der Zeit untergrub diese Politik die Autorität der lokalen Oberhäupter.

Als 1897 die Rinderpest ausbrach und 95 Prozent der Herden verendeten, geriet das traditionelle Gefüge endgültig aus den Fugen. Um nicht zu verhungern, waren viele Herero nun gezwungen, auf den Farmen deutscher Siedler oder in der Verwaltung zu arbeiten, und bekamen so immer deutlicher zu spüren, mit welcher Art von System sie es zu tun hatten: einem System, das allein auf die Bedürfnisse der Weißen zugeschnitten war; dessen Gerichtsbarkeit schon geringste Vergehen von Afrikanern hart bestrafte, während Weiße selbst bei Mord oder Vergewaltigung oft straffrei ausgingen. Einem System, das den Afrikanern durch seinen inhärenten Rassismus jede Selbstbestimmung versagte, ihre Entrechtung vorantrieb und so Übergriffen, Betrug und Misshandlungen Tür und Tor öffnete. »Die Menschen machten die Erfahrung, dass ihre traditionellen Eliten nicht mehr in der Lage waren, sie zu schützen, vor allem gegen Übergriffe der Kolonialisten«, sagt Zimmerer. »Besonders junge Leute forderten darum ihre Oberhäupter immer vehementer zum Widerstand auf.« Unter der vermeintlich friedlichen Oberfläche gärte es, und schließlich genügte ein Funke, um einen Flächenbrand zu entfachen.

Dieser entzündete sich Anfang 1904 in Okahandja am provozierenden Verhalten des Distriktchefs gegenüber einer Gruppe Herero. Der Konflikt eskalierte, es kam zum Schusswechsel, bei dem drei deutsche Beamte starben. Leutwein rückte aus, um der Verwaltung im Süden zu Hilfe zu kommen. Bis dahin hatten sich Unruhen durch eine schnelle Vergeltungsaktion stets im Keim ersticken lassen, nun aber war die Wut schon zu groß: Am 12. Januar erklärten die Herero den Deutschen den Krieg.

Da niemand damit gerechnet hatte und ein Großteil der Soldaten im Süden beschäftigt war, gelang es ihnen innerhalb weniger Tage, einen Großteil Zentralnamibias zu besetzen. Sie plünderten Farmen und Siedlungen und töteten insgesamt 123 Deutsche. Frauen und Kinder wurden auf Befehl Samuel Mahareros jedoch verschont. Warum die Herero ihren Vorsprung nicht zum Sieg ausbauten, ist bis heute ungeklärt. Major Leutwein nutzte ihr Zögern, um mit gesammelten Kräften zum Gegenschlag anzusetzen.

Bald traf massive Verstärkung aus dem Reich ein; Siedler übten eigenmächtig Vergeltung. »Aufräumen, aufhängen, niederknallen, bis auf den letzten Mann«, forderten viele. In Berlin machte man Leutweins »Milde« für die Situation verantwortlich, weshalb der Kaiser die Operation seinem Generalstab übertrug und als Ablösung für Leutwein Generalleutnant Lothar von Trotha nach Afrika schickte. Der war für seine Brutalität bekannt und hatte 1896 bereits einen »Aufstand« der Waheke in Deutsch-Ostafrika niedergeschlagen.

Im Zusammenhang mit dem antikolonialen Widerstand ist bis heute meist nicht von Krieg, sondern von »Aufständen« die Rede. »Dieser Begriff impliziert zum einen, dass es sich um Erhebungen gegen ein legitimes politisches System gehandelt habe. Das gibt aber nur die Perspektive der Kolonialmacht wieder«, kritisiert Zimmerer. »Aus Sicht der afrikanischen Bevölkerung war es ein Kampf gegen ausländische Invasoren. Zum anderen ignoriert er die internationale Dimension der Auseinandersetzung. Man sollte deshalb besser von Krieg und Genozid sprechen.«

Als Trotha im Juni 1904 das Kommando übernahm, warnte ihn Leutwein, dass man die Herero noch als »Viehzüchter und besonders als Arbeiter« brauche, sich im Übrigen ein

Volk von gut 60 000 »nicht so leicht vernichten« lasse. Man solle sie lieber »politisch tot« machen und ihnen Reservate zuweisen, die »für ihre Bedürfnisse gerade ausreichen«. Afrikaner würden »nur der Gewalt weichen«, erwiderte Trotha. Diese »mit krassem Terrorismus und selbst mit Grausamkeit auszuüben, war und ist meine Politik«.

Anfang August kreiste er mit sechs Truppenverbänden das Gebiet um den Waterberg ein, auf dessen Plateau sich die Herero mit Frauen, Kindern und Vieh versammelt hatten. Trotha setzte schweres Geschütz und Maschinengewehre ein und sah zu, wie die Überlebenden aus der Umkesselung in die angrenzende Omaheke-Wüste flohen. Die ließ er abriegeln und alle Wasserstellen besetzen. Zehntausende Herero verdursteten.

»Keine Mühen … wurden gescheut, um dem Feinde den letzten Rest seiner Widerstandskraft zu rauben«, hieß es später in der offiziellen Geschichte des Generalstabs. »Wie ein halb zu Tode gehetztes Wild war er von Wasserstelle zu Wasserstelle gescheucht, bis er schließlich … ein Opfer der Natur seines eigenen Landes wurde. Die wasserlose Omaheke sollte vollenden, was die deutschen Waffen begonnen hatten: die Vernichtung des Herero-Volkes.«

Gemäß dem »Schutzvertrag« hatte auch Witbooi Einheiten bereitgestellt. Doch dann hörte er vom Schicksal der Herero. Nama-Krieger, denen es gelungen war zu desertieren, berichteten außerdem davon, wie gnadenlos die »Schutztruppe« vorging. So entschloss sich der mittlerweile 70-Jährige erneut zum Widerstand.

Eines Tages, so viel war klar, würden die Deutschen auch die Nama angreifen. Den Zeitungen konnte man ohnehin schon seit Langem entnehmen, was nach der »Niederschlagung des Aufstands« kommen sollte: die Entmachtung der lokalen Führer und die Erziehung der »Eingeborenen« zu einer fügsamen Arbeiterschicht. Ende September erklärte Witbooi den Deutschen den Krieg. Fast alle Nama-Großleute folgten ihm, und wo sie es nicht taten, schlossen sich viele Menschen auf eigene Faust an.

Statt offener Schlachten führten die Nama einen erfolgreichen Guerillakrieg, der die Deutschen noch vier Jahre lang in Atem hielt. Witbooi aber wurde am 29. Oktober 1905 von einer Kugel in den Oberschenkel getroffen und verblutete. Mit ihm sei »der letzte Nama-Häuptling dahingegangen«, schrieb die »Deutsche Kolonialzeitung«. »Sein Tod hat das Schicksal seines Volkes besiegelt. Es wird fortan ein Dienstvolk des weißen Mannes sein.«

Für dieses Ziel setzte die »Schutztruppe« den Vernichtungskrieg mit allen Mitteln fort: Brunnen wurden vergiftet, Vieh getötet, Gefangene hingerichtet, Zivilisten zu Zwangsarbeit gezwungen und in eigens dafür angelegte Camps deportiert – sogenannte Konzentrationslager. »Bezeichnenderweise wurde dieser Begriff damals gebräuchlich«, sagt Zimmerer. »Auch das macht deutlich, mit welchem Gedankengut wir es hier zu tun haben. Der Krieg gegen die Herero und Nama war der erste von Deutschen verübte Völkermord, lange vor dem Holocaust.« Etwa 65 000 der 80 000 Herero und die Hälfte der 20 000 Nama starben. Per kaiserlichem Dekret wurde das Land aller am »Aufstand« beteiligten Stämme zum deutschen Staatseigentum erklärt. In Ketten gelegte Afrikanerinnen und Afrikaner, Gefangenentransporte und sogar Hinrichtungen wurden beliebte Postkartenmotive. Ihr Land haben die Nama und Herero bis heute nicht wieder.

SCHNELLES WISSEN

Was waren »Schutzgebiete« und »Schutztruppen«?

Der beschönigende Begriff »Schutzgebiet« wurde für deutsche Kolonien vor allem im heutigen Namibia, Tansania und Neuguinea verwendet. Er diente der Rechtfertigung der kolonialen Unterdrückung. Die »Schutzgebiete« entstanden durch Verträge zwischen der Kolonialmacht und politischen Anführern vor Ort. Dabei sicherte sich die Kolonialmacht das Recht der Gesetzgebung, der Verwaltungsvorschriften, der Auswahl von Beamten und der Gerichtsbarkeit »gegenüber den Eingeborenen«, wie es im »Schutzbrief« für »Deutschostafrika« vom 27. Februar 1885 hieß. Dabei wurden Vereinbarungen zum vorgeblichen Schutz vor Nachbarn geschlossen. Tatsächlich kamen die Verträge durch eine Mischung aus Druck, Erpressung und Betrug zustande. Sie waren in keinem Fall Abkommen zwischen souveränen Partnern. Die für die Gebiete ausgestellten »Schutzbriefe« waren Erlasse des deutschen Kaisers, die den Deutschen und ihren Kolonialgesellschaften die Hoheitsrechte in den deutschen »Schutzgebieten« sicherten. Die deutschen »Schutztruppen« bestanden aus deutschen Offizieren und Soldaten, die auch einheimische Hilfstruppen kommandierten. Die Aufgabe der Truppen war die Unterdrückung des antikolonialen Widerstands. Im heutigen Namibia, in Togo, in Tansania und China waren die »Schutztruppen« für Massaker an der Zivilbevölkerung und für das Niederbrennen ganzer Dörfer verantwortlich. Die »Schutztruppen« dienten nicht dem Schutz der örtlichen Bevölkerung, sondern der Sicherung der Ausbeutung der unterworfenen Gebiete im Interesse deutscher Überseehändler und Großbanken.

Vermessen

Die neue Wissenschaft »Völkerkunde« lieferte dem Kolonialismus rassistische Rechtfertigungen.

Von Frank Patalong

Die Welt durch Beobachtung und Vermessung zu erschließen war eine Idee der Aufklärung. Nun entstanden zahlreiche empirische Wissenschaften – aber manchmal schlugen sie auch fragwürdige Richtungen ein.

So wie die frühe »Völkerkunde«. Zuvor hatten Völkerbeschreibungen die Mär europäischer Überlegenheit meist theologisch begründet. Seit der aufgeklärten, aber eben auch kolonialen Zeit lieferte die neue Forschungsrichtung, auch Ethnologie genannt, solche Begründungen mit angeblich wissenschaftlichen Beobachtungen und Daten.

In England entstanden die ersten ethnologischen Lehrstühle Mitte des 19. Jahrhunderts, um Führungspersonal für die Kolonien auszubilden. Das Fach, das sich zwischen Kulturwissenschaft und Anthropologie methodisch und theoretisch noch finden musste, nahm jedoch eine ungute Entwicklung. Im Blick auf alles Außereuropäische rückte die Frage nach »Rassen« und deren vermeintlicher Hierarchie in den Mittelpunkt. Die junge Ethnologie begann, nach Antworten auf die Frage zu suchen, warum Europäer den Indigenen so überlegen seien.

Dabei bewegten sich die Wissenschaftler völlig unreflektiert im rassistischen und darwinistischen Denken ihrer Epoche – und befeuerten es durch ihre Forschungsergebnisse noch weiter. War die europäische Übermacht ein Ergebnis von Entwicklungsunterschieden (»Evolutionismus«), die man an körperlichen Unterschieden festmachte? Oder resultierte sie aus einem rein kulturellen Vorsprung, weil bestimmte Fortschritte vermeintlich »primitive« Gesellschaften einfach noch nicht erreicht hatten (»Diffusionismus«)? Aus politischer Sicht waren beide Erkläransätze prächtig nutzbar, um jede Form von Kolonialismus zu rechtfertigen.

Untermauert wurden solche Thesen nicht nur mit Beobachtungen, sondern auch mit Messungen, die Daten lieferten. Zum Methodenspektrum gehörten die Schädelvermessung (Kraniometrie) und die Phrenologie, eine Art Gehirnkartografie.

Schädelmesser wiesen körperlichen Merkmalen bestimmte Eigenschaften zu: Jemand hat eine hohe Stirn? Also muss er klug sein! Phrenologen deuteten derweil das Gehirn wie eine dreidimensionale Landkarte, bei der bestimmten Arealen Eigenschaften und Fähigkeiten zugeordnet wurden. Kombinierte man beides, so ließen sich aus der Form von Kopf und Gehirn Charaktereigenschaften und intellektuelle Kapazitäten herleiten. Die Anhänger dieser Methoden entwickelten komplexe Messverfahren, bei denen Instrumente wie das »Präzisionskraniometer nach Török« bis zu 5000 definierte Messpunkte erfassten. Das wirkte wahrlich wissenschaftlich und produzierte Zahlenkonvolute von erschlagender Überzeugungskraft.

Vermessen wurde alles und jeder. Bei ihren Versuchen, vorgefasste Thesen zu bestätigen, kamen die Wissenschaftler auf Ergebnisse, die aus heutiger Sicht schlicht irrsinnig scheinen. 1898 konnte man im »Centralblatt für Anthropologie, Ethnologie und Vorgeschichte« nachlesen, dass die Vermessung »der Rassenhirne« von Iren, Skandinaviern, Balten oder Polen zwar zunächst Ähnlichkeiten gezeigt habe, dass aber »Unterschiede im Hirnbau nicht ganz vermisst« wurden.

Wenn man also genau genug hinsah, entdeckte man an Individuen, was »die Rassen« oder Nationen angeblich trennte. Und die Ethnologen sahen sehr genau hin. So wusste der Ethnologe Otto Spöttel zu berichten, dass beim Schädelknochenvergleich »bei Menschen und Affen« 100 oberbayerische Männer dem normalen »Formtypus« entsprachen. »Afrikanische, melanesische und australische Schädel« zeigten hingegen »die typisch jugendliche« Form, »stehen also auf einer weniger entwickelten, kindlichen Stufe«.

Nicht alles, was die ethnologischen Vermesser produzierten, war Rassismus – in Sachen Sexismus waren sie ebenfalls vorn dabei, denn ihre Forschungen belegten auch die angebliche Unterlegenheit der Frau. So berichtete beispielsweise Ferdinand Birkner 1896, dass Schwarze »in der Schwimmhautausbildung gegenüber den Europäern keine wesentlichen Unterschiede« zeigten. Ganz anders als das weibliche Geschlecht, was als »ein Zurückbleiben desselben gegenüber dem männlichen Geschlecht anzusehen ist«.

Bereits gegen 1900 mehrten sich Bedenken gegen diesen Messwahn. Wiederholt schon, gestand 1898 der Arzt und Ethnologe Oskar Hovorka Edler von Zderas in einem Aufsatz ein, sei »die … Wertlosigkeit der bloßen Schädel-Indices und arithmetischen Mittelzahlen offen eingestanden« worden. Die Messung individueller Unterschiede produziere kaum mehr als die »Aufstellung der verworrensten Rassen«.

Dass aber einzelne Experten meinten, es sei unmöglich, »an Schädeln die Nationalität zu erkennen«, weckte dann doch Zderas' Empörung. Und dann spottete ein russischer Spezialist sogar und stellte »angesichts der herrschenden Konfusion« die »Existenz einer arischen Rasse« überhaupt in Abrede! Das ging den allermeisten anderen Ethnologen zu weit.

Und so lieferte die Forschung weiterhin Daten, um das rassistische Weltbild zu beweisen. Im Nationalsozialismus taten die Forscher das sogar noch einmal mit neuer Begeisterung – erst nach 1945 schafften es Anthropologie und Ethnologie allmählich, sich von ihrem rassistischen Ballast zu befreien.

Von der Musterkolonie zum Massaker

Deutsches Bier, deutsche Kultur, deutsche Wurst: An der chinesischen Küste plante Deutschland ein vorbildliches Projekt. Es kam ganz anders.

Von Uwe Klußmann

Am Anfang war Gewalt. Unter dem Vorwand, dass Chinesen zwei deutsche Missionare ermordet hätten, besetzte die Kaiserliche Marine im November 1897 die Bucht von Kiautschou und die Hafenstadt Tsingtau (heute Qingdao). Die Deutschen proklamierten eine »Schutzherrschaft«. So wollte es Kaiser Wilhelm II., der verkündete, es sei Zeit, »mit voller Strenge und wenn nötig mit brutaler Rücksichtslosigkeit den Chinesen gegenüber endlich zu zeigen, dass der Deutsche Kaiser nicht mit sich spaßen lässt«.

Und das Kaiserreich spaßte wirklich nicht. Es drängte der schwachen chinesischen Regierung einen Pachtvertrag auf, der im März 1898 unterzeichnet wurde. Das Abkommen sah vor, dass an der Bucht bei Tsingtau ein Gebiet von der Größe

Hamburgs für 99 Jahre faktisch zu einer deutschen Kolonie wurde. Bald folgten den Soldaten Unternehmer, unter ihnen Mitarbeiter eines Eisenbahnkonsortiums, ein Wurstfabrikant, ein Droschkenverleiher, Hotel- und Gaststättenbetreiber sowie ein Pfarrer, der ein »Christliches Soldatenheim« gründete. Auch Ärzte, Apotheker und Techniker, Handwerker und Kaufleute zogen in die neue Kolonie.

Rund um Tsingtau sollte nach dem Willen deutscher Strategen eine »Musterkolonie« entstehen, straff organisiert und wirtschaftlich blühend, mit europäischer Stadtkultur, moderner Eisenbahn, mondänem Strandbad und deutscher Brauerei. Technischer Fortschritt und deutsche Bürokratie sollten Kiautschou, wie das Gebiet genannt wurde, zu einem Beispiel moderner Infrastruktur machen, zu einem Kristallisationspunkt deutscher Ordnung. Von hier aus sollte ein Aufschwung Ost in Asien, unter deutscher Aufsicht, die Welt ins Staunen versetzen. Die Deutschen, beseelt von überbordendem Selbstbewusstsein, wollten konkurrierenden Kolonialmächten auf dem Kontinent den Rang ablaufen.

Die Kolonialpolitiker in Berlin sahen die Stadt Tsingtau, die Hauptstadt ihrer Kolonie, als »deutsches Kulturzentrum«. Auch Bildungsstätten gehörten schließlich dazu: Insgesamt schufen die Deutschen in ihrem Vorposten in China außer der Hochschule eine Gouvernementschule, 26 Elementar-, zehn Missions- und vier Berufsschulen.

Aber die Wunschvorstellungen von einer »kulturerziehenden Mission«, von der ein deutscher Seezolldirektor 1896 in einer Denkschrift über die Region fabuliert hatte, wurden schnell Makulatur. Denn es zeigte sich, dass die Deutschen ihre Herrschaft über die chinesische Bevölkerung nur mit brutaler Gewalt durchsetzen konnten.

Nach dem Abschluss des Pachtvertrags zwischen dem Deutschen Reich und China häuften sich Protestaktionen von Chinesen vor allem gegen Missionare und chinesische Christen. Diese wurden von vielen Einheimischen als Werkzeuge des Kolonialismus angesehen. Gewaltsamen Widerstand gegen Missionare empfanden viele als legitimen Teil des Kampfes gegen die Kolonialmächte und für die Befreiung ihres Landes. Schon seit 1896 koordinierte die chinesische »Große-Schwert-Gesellschaft« militante Maßnahmen gegen die Missionare aus Europa.

Gegen den wachsenden Widerstand setzte das Regime des deutschen Kaiserreiches auf brutale Gewalt. Im März 1899 wurde eine »Strafexpedition« in das Dorf Hanjiacun entsandt. Eine Truppe von etwa 40 deutschen Soldaten brannte die Siedlung nieder und zerstörte 40 Bauernhöfe mit rund 300 Gebäuden.

Zu einem noch größeren Schlag holte das deutsche Militär aus, nachdem im Juni 1900 der deutsche Gesandte Klemens Freiherr von Ketteler in Beijing von einem chinesischen Soldaten erschossen worden war.

Kaiser Wilhelm II. stimmte daraufhin einem internationalen Expeditionskorps für eine weitere »Strafexpedition« in China zu. Dem Korps gehörten neben 20000 Deutschen unter anderem Briten, Russen, Italiener, Japaner und Amerikaner an, insgesamt rund 88000 Mann.

Bei der Verabschiedung der deutschen Truppen in Bremerhaven hielt Kaiser Wilhelm II. eine Ansprache, die als »Hunnenrede« in die Geschichte eingegangen ist. Darin sagte der Kaiser: »Pardon wird nicht gegeben, Gefangene werden nicht gemacht.« Und er forderte die Soldaten auf, sich so zu verhalten, »dass niemals wieder ein Chinese es wagt, einen Deutschen auch nur scheel anzusehen«.

Der Öffentlichkeit gegenüber gab das kaiserliche Regime die Militäraktion als eine Art humanitäre Intervention gegen Gewalttäter aus. Die wahren Gründe für den Einmarsch bekannte Flügeladjutant Helmuth Johannes Ludwig von Moltke, ab 1906 Chef des Generalstabs, am 11. Juli 1900 in einem Brief an seine Frau: »Auf das eigentlich treibende Motiv der ganzen Aktion muss man freilich nicht eingehen, denn wenn wir ganz ehrlich sein wollen, so ist es Geldgier, die uns bewogen hat, den großen chinesischen Kuchen anzuschneiden.«

Die internationale Interventionstruppe wurde geführt vom früheren preußischen Generalstabschef Alfred Graf von Waldersee. Der Militär, der im Deutsch-Französischen Krieg 1870/71 Flügeladjutant des preußischen Königs gewesen war, setzte des Kaisers »Hunnenrede« in die Praxis um.

Die Protestaktionen hatten sich unterdessen zu einem Aufstand ausgeweitet, der später »Boxeraufstand« genannt wurde. Zwar war die Rebellion bereits niedergeschlagen, als Waldersees Interventionstruppe im September in China eintraf. Dennoch sorgten des Kaisers Soldaten dafür, dass dessen Worte Folgen hatten.

Auch Einheimische sollten dabei mitwirken: Deutsche Offiziere in Tsingtau hatten 1899 eine Hilfstruppe mit 120 chinesischen Soldaten gebildet, die von drei deutschen Offizieren und zehn Unteroffizieren geführt wurde. Sie kam nun an der Seite der deutschen Interventen zum Einsatz. Doch bald zeigte sich, dass viele der Söldner nicht gegen ihre Landsleute kämpfen wollten. 26 der 120 Soldaten desertierten. Wenig überraschend angesichts des Vorgehens der deutschen Truppen: Bei den sogenannten Strafaktionen deutscher Soldaten wurden ganze Dörfer niedergebrannt, in denen die Deutschen Aufständische vermuteten. Dabei massakrierten die Soldaten auch zahlreiche Zivilisten.

Nahe der Stadt Gaomi in der Provinz Shandong, in der Tsingtau (heute Qingdao) lag, töteten die kaiserlichen Truppen allein in den Dörfern Kelan und Lijiaying mehr als 200 Bewohner. Mindestens 250 weitere Menschen kamen bei einem Gemetzel deutscher Soldaten im Dorf Shawo ums Leben.

Generalfeldmarschall Waldersee, der insgesamt 35 Strafexpeditionen befahl, zog am 12. November 1900 in seinem Tagebuch Bilanz: »Wenn man bei uns zu Hause so harmlos ist zu glauben, es würde hier für christliche Kultur und Sitte Propaganda gemacht, so gibt das einmal arge Enttäuschung.« Denn, so Waldersee, »seit dem Dreißigjährigen Kriege« sei »Ähnliches an Verwüstungen noch nicht vorgekommen«.

Deutsche Offiziere schärften ihren Untergebenen ein, es müssten »Boxernester ausgeräuchert« werden – ein Freibrief für Terror gegen die Bevölkerung. Mit »Boxern« waren die Aufständischen gemeint, die sich Yihetuan nannten (»Verband für Gerechtigkeit und Harmonie«, manchmal auch Yihequan: »Fäuste der Gerechtigkeit und Harmonie«, davon leitet sich der Begriff »Boxer« ab). Eine Miliz dieses Namens gab es in der Provinz Shandong bereits seit 1862.

Ende der Neunzigerjahre erlebte die von armen Bauern getragene Bewegung einen Aufschwung, dank einer »wachsenden Welle von Fremdenfeindlichkeit«, so der chinesische Historiker Lu Yao. Als »Fremde« wurden die Kolonialherren gesehen, die in China zunehmend Macht und Einfluss an sich rissen, vor allem Briten, Franzosen, Deutsche und Russen.

In den Kampfbünden sammelten sich vor allem junge Bauern, Landarbeiter und Handwerker. Viele von ihnen waren zwischen 16 und 20 Jahre alt. Manche aber waren offenbar kaum älter als zwölf. Viele von ihnen hatten mit ihren Familien Hunger erlitten.

Auch junge Mädchen schlossen sich der Bewegung an. Sie bildeten eigene Formationen, die »Leuchtenden Roten Laternen«. Dort wurden junge Mädchen von jungen Frauen geführt. Die Novizinnen unterwarfen sich einer strengen Ausbildung, die anderthalb bis fünf Monate dauerte. Die Mädchen übten den Umgang mit Schwertern und hielten strenge Diät: Sie sollten stark abnehmen und schließlich glauben, sie könnten fliegen, ob im direkten oder im übertragenen Sinne, bleibt offen.

An der Spitze der männlichen Milizen standen oft Offiziersanwärter, Offiziere und buddhistische Mönche. Um sich Mut zu machen, experimentierten die Kampfbündler mit Hypnose und Selbsthypnose. Manchmal versuchten sie auch, mit berauschenden Getränken das Gefühl zu erlangen, sie wären unverwundbar.

Die Bewegung war beeinflusst vom traditionellen Daoismus des Landes, entstanden im vierten Jahrhundert vor Christus. Der Daoismus geht davon aus, alles sei im Wandel, und setzt zudem auf Mystik und Intuition. Das erwies sich als sehr geeignetes Fundament für die Yihetuan-Bewegung. Der »fremdenfeindliche Impuls« der Bewegung, so der Sinologe Tilemann Grimm, war dabei »zugleich ein Selbstfindungsimpuls«.

Die »Boxer« legten großen Wert darauf, anders zu sein als die Kolonialisten und ihre einheimischen Söldner. Sie propagierten demonstrativ Askese und Bescheidenheit, verbunden mit Gewaltbereitschaft gegenüber den Feinden. In ihrem Ge-

Die Zivilisten in Tsingtau blickten reserviert in die Kamera.

lübde hieß es: »Nicht die Hand nach Geld oder Frauen ausstrecken, nicht den Befehlen der Eltern zuwiderhandeln, nicht gegen die bestehenden Gesetze verstoßen, Ausländer ausrotten, bestechliche Beamte töten.« Dieser Geist drückte sich auch in der Parole aus: »Das Volk bleibt unbesiegbar.«

Die Yihetuan erhielten 1899/1900 starken Zulauf junger Leute. Im Frühling 1900 besetzten die Yihetuan Beijing. Sie waren so stark, dass der Hof der geschwächten Qing-Dynastie zeitweilig mit ihnen kooperierte. Doch nachdem britisch-indische, russische, japanische und US-Truppen Beijing im August 1900 in Kämpfen gegen die Yihetuan erobert hatten, distanzierte sich der Kaiserhof von der Bewegung und verfolgte deren Anhänger.

Wie einfache Chinesen die Bewegung der »Boxer« erlebten, geht aus dem Tagebuch des in Beijing lebenden niederen Beamten Hua Xuelan hervor, das der Sinologe Otmar Becker 1987 herausgab. In seinem Tagebuch berichtete der Staatsbedienstete, dass die »Boxer«, als sie Beijing kontrollierten, befahlen, rote Laternen und rote Tücher aufzuhängen. Spenden hätten sie auch mit Druck eingetrieben.

Hua Xuelan schilderte, wie sich nach einem Telegramm des chinesischen Botschafters aus Berlin im Juli 1900 Angst in Beijing ausbreitete. Gerüchte liefen um, »dass der Herrscher von Deutschland sehr aufgebracht sei« und Soldaten schicken werde, »die bald geradewegs auf Beijing losmarschieren würden«.

Der Beamte erwähnte Plünderungen durch ausländische Soldaten nach der Eroberung der Stadt. Und er berichtete, ein Onkel von ihm sei »von deutschen Soldaten getötet worden«. Aber er schrieb auch von einem deutschen Kommandeur, der seine Soldaten verpflichtet habe, »keine Plünderungen zuzulassen«. Dieser Kommandeur sei »ein guter Mann« gewesen.

Insgesamt durchzieht die Aufzeichnungen das Gefühl, die einheimische Bevölkerung sei der Gewalt bewaffneter Fremder ausgeliefert. Das Fazit des Tagebuchschreibers: »Es ist doch tatsächlich so, dass die Ausländer sich in alles einmischen.«

In Deutschland sprachen indes nur wenige offen aus, was die Deutschen in China anrichteten. Auf dem SPD-Parteitag im September 1900 in Mainz sagte der führende Sozialdemokrat Paul Singer: »Die Chinapolitik steht im Dienste militaristischer Eroberungssucht, chauvinistischen Landhungers und der kapitalistischen Interessen der Bourgeoisie.«

Und der SPD-Vorsitzende August Bebel stellte im November 1900 die Frage: »Glauben Sie wirklich, dass irgendein Volk in der Welt sich Ähnliches hätte bieten lassen, wie die Chinesen viele Jahre lang es sich haben gefallen lassen?« Bebel verurteilte den »Eroberungskrieg und Rachezug« der deutschen Truppen und forderte, China müsse »als gleichberechtigter Staat anerkannt werden«.

Bebel hatte einen wunden Punkt der deutschen Chinapolitik berührt. Zahlenmäßig war die deutsche Kolonialmacht dort schwach, verfolgte aber große Ambitionen. Dieses Missverhältnis führte bei Politikern, Wissenschaftlern und Unternehmern nach dem Boxeraufstand zu einer Strategiedebatte darüber, wie der deutsche Einfluss gestärkt werden könnte.

Das Konzept der »Musterkolonie« sollte sich in effektiver Verwaltung und Stadtplanung und schließlich in wirtschaftlicher Blüte beweisen. Dafür waren die Deutschen zunehmend gezwungen, den gut organisierten chinesischen Kaufleuten entgegenzukommen.

Zwar basierte die deutsche Kolonialpolitik an der chinesischen Pazifikküste auf einer »Routine der Rassentrennung«, so der Historiker Klaus Mühlhahn. Dennoch versuchte die Kolonialmacht, Vertreter der dortigen Eliten für sich zu gewinnen. Dazu diente eine spezielle Bildungspolitik, einschließlich einer Hochschulgründung.

Die Deutsch-Chinesische Hochschule in Tsingtau war eine weltweit gerühmte Einrichtung. Eröffnet im Oktober 1909, wurde sie rasch zum Prestigeobjekt des Deutschen Reiches: eine Vorzeige-Uni einer angeblichen Musterkolonie. Geleitet vom renommierten Geologen Georg Keiper, war sie ein Gemeinschaftsprojekt von Deutschen und Chinesen, mit einem chinesischen Co-Direktor. Den Großteil der Gründungskosten übernahmen der deutsche Staat und deutsche Unternehmen. Auch China beteiligte sich finanziell.

Der Unterricht fand auf Deutsch und Chinesisch statt. Das Studium war ausgesprochen praxisorientiert. Jurastudenten besuchten das örtliche Gericht, Medizinstudenten wurden im Krankenhaus eingesetzt.

Die Zahl der Studenten wuchs von 80 bei der Gründung bis etwa 400 im Jahre 1914. Zu den Lehrkräften gehörten der Physiker Karl Erich Hupka – ein Schüler von Max Planck – und der renommierte Mathematiker Konrad Knopp, später Mitbegründer der »Mathematischen Zeitschrift«.

Doch die Alma Mater verfolgte nicht nur wissenschaftlich-praktischen Anspruch, sondern atmete auch den Geist des deutschen Militarismus. Die Studenten mussten militärische Paraden abhalten. Die örtliche Zeitung »Tsingtauer Neueste Nachrichten« schrieb zu den sportlich-militärischen Darbietungen bei der Hochschuleröffnung 1909, es sei »sehr erfreulich zu sehen, welch frischer Mut und reger Eifer unter den jungen Chinesen hierbei sich zeigte«.

Was die Zeitung ihren Lesern nicht verriet: Die »regen« jungen Leute wurden rigide überwacht. Zwischen acht und neun Uhr abends wurden die Türen des Internats geschlossen. Die Studenten blieben in kleinen Räumen zu zweit oder zu dritt. Ein Intendant kontrollierte auf jedem Stockwerk in der gesamten Nacht ihre Bewegungen. Aus dem Archiv der Hochschule geht hervor, dass die Intendanten sexuelle Handlungen der jungen Männer melden sollten. Wie die Betroffenen die Schikanen empfanden, ist nicht überliefert.

Wer als Chinese einen Studienplatz auf der Deutsch-Chinesischen Hochschule bekam, konnte auf einen lukrativen Job hoffen; im Handel, im Bergbau oder auch bei der Eisenbahn. Doch die von den Deutschen geschaffenen Schulen ebneten keineswegs massenhaft Einheimischen den Weg zur Hochschulreife. Die weiterbildende Gouvernementschule war ausschließlich für in China lebende Kinder deutscher Eltern vorgesehen. Als 1905 der chinesische Herausgeber einer deutsch-chinesischen Zeitung versuchte, seine Kinder auf der Schule anzumelden, lehnten die Deutschen diese Bitte vehement ab.

Und nicht nur hier praktizierte die deutsche Kolonialmacht eine rassistische Trennung von Europäern und Chinesen: Das Europäerviertel von Tsingtao war separiert von den chinesischen Wohnbezirken. Das moderne Strandhotel auf dem Niveau deutscher Ostseebäder und die Häuser mit Kanalisation waren nicht für die ursprüngliche Bevölkerung vorgesehen.

Die stellte mit 53000 Bewohnern im Jahre 1913 die überwältigende Mehrheit der Bevölkerung des Stadtgebietes. Ihr standen 1914 wenige Hundert Deutsche gegenüber, von denen die Mehrheit Militärs waren. Für die einheimischen Bewohnerinnen und Bewohner galt die »Chinesenordnung«, die im Sommer 1900 in Kraft trat. Sie sah vor, dass von abends 21 Uhr bis zum Sonnenaufgang am Tag darauf »kein Chinese die Straße betreten« durfte, ohne »eine brennende Laterne zu tragen oder sich vortragen zu lassen«.

Selbst Theateraufführungen bedurften einer Genehmigung des deutschen »Kommissars für Chinesenangelegenheiten«. Die Chinesen spürten auf Schritt und Tritt, dass die Europäer sie als Menschen zweiter Klasse ansahen. An ein gleichberechtigtes Zusammenleben hatten die deutschen Herren nie gedacht.

Dennoch traten chinesische Händler in der Region gegenüber den deutschen Kolonialherren selbstbewusst auf. Sie forderten eine Teilnahme am freien Handel ohne Bevorzugung der Ausländer. In einer Eingabe an die Handelskammer monierten Unternehmer zur Jahreswende 1903/04, die Deutschen seien »geneigt, die Bedeutung des chinesischen Kaufmanns zu unterschätzen«. Bis 1914 gelang es ihnen, deutsche Privilegien zurückzudrängen.

Unter Kontrolle der Deutschen blieb dagegen das von ihnen geschaffene Bildungswesen in Tsingtau. Für chinesische Kinder waren die von den Deutschen geschaffenen Volks- und Berufsschulen vorgesehen. Sie dienten vor allem der Propagierung deutscher Kolonialpolitik und dem Export vermeintlich höherwertiger Kultur – und sie sollten Arbeitskräftenachschub für die deutschen Werft- und Eisenbahnbetriebe liefern.

In einem Grundsatzpapier des Gouvernements hieß es im Jahr 1905, die Schulbildung für Chinesen müsse »in umfassender Weise auf Geist und Charakter einwirken«. Sie müsse

»das Mittel sein zu einer Durchtränkung der ganzen Provinz«, und zwar »mit deutschem Wissen und deutschem Geiste«.

Doch die Gewalt wog im kollektiven Gedächtnis des Landes stärker als der Einfluss deutscher Bildung. Und die Hoffnungen der deutschen Elite, Tsingtau als attraktiven Vorposten zu nutzen, um Einfluss in Asien zu gewinnen, platzten zu Beginn des Ersten Weltkriegs. Am 7. November 1914 kapitulierten die von Japanern und Briten belagerten Deutschen. Japan besetzte die deutsche Kolonie, deren Gebiet 1922 China übergeben wurde.

Die imperialistische Intervention gegen den Boxeraufstand hatte schwerwiegende Folgen hinterlassen: Die Mehrheit der Chinesen, so der Historiker Klaus Mühlhahn, betrachtete nach den Gewaltexzessen der Kolonialmächte das »westeuropäische System« als »diskreditiert«. Dass sich in China im 20. Jahrhundert statt des westlichen Liberalismus die Lehren Lenins durchsetzten, lag auch an dem Schrecken, mit denen vereinte westliche Länder China überzogen hatten.

Die Konsequenz dieser kolonialen Erfahrung war schließlich die Herrschaft der Kommunistischen Partei. Als die Boxerbewegung niedergeschlagen wurde, lebte in einem Dorf bei Shaoshan in der zentralchinesischen Provinz Hunan ein aufgeweckter siebenjähriger Bauernsohn, Mao Zedong. Der erntete wenige Jahrzehnte später die Früchte des Zorns seiner Landleute auf die Fremden. Eine seiner wirksamsten Parolen »Dem Volke dienen« wirkte wie eine direkte Fortsetzung der Yihetuan. Deren historische Impulse flossen ein, als Mao im Oktober 1949 in Beijing die Volksrepublik China ausrief.

Sechs Jahre später, im Dezember 1955 übergab der damalige Ministerpräsident der DDR, der frühere Sozialdemokrat

Otto Grotewohl, in Beijing auf einer Kundgebung seinem Amtskollegen Zhou Enlai von deutschen Truppen erbeutete Fahnen der Boxerbewegung. Die Zuschauer applaudierten begeistert, wie die DDR-Wochenschau »Der Augenzeuge« zeigte. Dabei wurde deutlich, dass sich die nationalbewussten chinesischen Kommunisten als Fortsetzer der Sache der Boxer sahen.

Wie wichtig Mao der Bezug zur Boxerbewegung war, bekannte er im Dezember 1939 in einem von ihm verfassten Kapitel des Lehrbuches »Die chinesische Revolution und die Kommunistische Partei Chinas«. Darin schrieb Mao, die Boxerbewegung zeuge »von dem unbeugsamen Widerstandsgeist des chinesischen Volkes, das nicht gewillt ist, sich dem Imperialismus und seinen Lakaien zu unterwerfen«.

Der Prozess

1905 stand in Altona ein Prinz aus Kamerun wegen Betrugs vor Gericht. Das Verfahren wurde zu einer Anklage gegen die Grausamkeiten des deutschen Kolonialregimes.

Von Christoph Gunkel

An diesem 27. Juni 1905 sparte Anwalt Moses Levi nicht am Pathos. Die »Augen von fast ganz Deutschland und ganz Deutsch-Afrika« seien auf das Landgericht Altona gerichtet, soll er in seinem Plädoyer gesagt haben, von dem eine später verfasste Abschrift existiert. Und Levi fragte gleich in Manier eines Gerichtsreporters: »Woher diese Sensation – woher dieses außergewöhnliche Interesse?«

Er selbst gab Antworten. Nein, allein am »exotischen Einschlag« dieses Prozesses könne es nicht liegen. Levi verteidigte einen schwarzen Prinzen gegen Betrugsvorwürfe: den aus Kamerun stammenden 25-jährigen Mpundu Akwa, Sohn von King Dika Akwa. Der hatte 1884 mit anderen politischen Anführern die Souveränität Kameruns dem Kaiserreich übertragen – es war die Geburtsstunde der deutschen Kolonie Kamerun gewesen.

Levi, der früher schon Sinti und Roma unentgeltlich verteidigt hatte, vermutete nun, sein Mandant sei »aus politischen Erwägungen« angeklagt, um ihn »für alle Zeiten mundtot« zu machen. Effektvoll verwandelte der 32-Jährige das Gericht in eine große Bühne: Der wahre Angeklagte sei »in absentia«, in Abwesenheit, das Kolonialreich. Denn dessen Verwaltungspraxis in Kamerun sei inhuman, ja verbrecherisch.

Das Interesse an diesem Prozess war so groß wie die Polarisierung in der Presse: Liberale Zeitungen sahen in dem elegant gekleideten und fließend Deutsch sprechenden Akwa einen Politaktivisten, der koloniale Missstände angeprangert hatte. Die konservative Presse hingegen wütete mit rassistischen Zuschreibungen über den Prinzen, der sich westliches Auftreten anmaße und besser sofort nach Kamerun abgeschoben werden solle. Ein gebildeter Afrikaner wie Akwa, der sagte, sein Volk wolle sich »alle Errungenschaften der deutschen Kultur« zu eigen machen, erschien ihnen als Bedrohung.

Um die Aufregung zu verstehen, muss man zurückgehen in den Sommer 1884, als der Prinz noch ein kleines Kind war. Damals steuerte der Wettlauf um die Kolonisierung Kameruns auf sein Finale zu. Eigentlich hatten die Briten die Nase vorn, weil sie im Delta des Kamerun-Flusses schon weit länger Handelsbeziehungen zum indigenen Volk der Douala unterhielten. Die englischen Händler hatten den Begriff »King« für die Douala-Anführer etabliert – was fälschlicherweise suggerierte, das Land sei wie eine europäische Monarchie aufgebaut.

Doch in »Cameroons« gab es verwirrend viele »Kings«. Sie übten keine unmittelbare Staatsgewalt über Grund und Boden aus wie europäische Könige, sondern herrschten über Familienstrukturen. Die beiden mächtigsten Gruppen waren die traditionell verfeindeten Familien Akwa und Bell. Und die verhandelten nun mit deutschen Kaufleuten, weil die Briten gezögert hatten, auf einige Bedingungen der Douala einzugehen – besonders auf die zentrale Forderung, ihr Monopol beim Handel mit dem Hinterland zu behalten. »Zeit spielt bei den Leuten keine Rolle«, schrieb im Juli 1884 Eduard Woermann nervös in sein Tagebuch, als sich die Gespräche hinzogen. Die Deutschen erhöhten den Druck: Sie versprachen »einen großen Dash«, wie die Geschenke bei Vertragsabschlüssen hießen. Und ließen zugleich das Kriegsschiff »Möve« an der Küste aufkreuzen. »Ein Triumph für uns Deutsche«, notierte Woermann, der jüngere Bruder des Hamburger Kolonialpolitikers und Reeders Adolph Woermann, »ein Mahnzeichen für die Schwarzen.«

Am 12. Juli 1884 war er am Ziel. King Bell, King Akwa und weitere Douala-Chefs unterschrieben den erhofften Vertrag. Darin traten sie Souveränität, Gesetzgebung und Verwaltung ab – aber unter Bedingungen: So sollten bestehendes Ackerland und Grundbesitz geschützt sein sowie Handelsverträge mit Dritten weiter gültig bleiben. »Wohlgefällig« scheine die Sonne »auf das neue deutsche Eigentum«, schrieb Woermann, Kamerun »ist und bleibt nun hoffentlich deutsch«.

Mit seiner Unterschrift war King Akwa reich geworden – und hatte die naheliegende Laufbahn seines Sohnes Mpundu unmöglich gemacht: Der Erstgeborene konnte kein King mehr werden. 1888 schickte der Vater seinen nun neunjährigen Sohn nach Deutschland. Dort sollte er stattdessen die beste Ausbildung genießen. Fortan versorgte er ihn großzügig aus der Heimat.

Der junge Mpundu wuchs bei einer westfälischen Familie in Paderborn auf und besuchte danach eine Privatschule in

Rheindahlen, heute Ortsteil von Mönchengladbach. Er trat zum Katholizismus über und avancierte schon bald zum Liebling royaler Kreise. »Die jungen Damen rissen sich darum, von Seiner Königlichen Hoheit zu Tisch geführt zu werden«, berichtete sein Anwalt Levi später. »Er wurde zu Treibjagden eingeladen und als Dekorationsobjekt betrachtet.«

Das ging auch nach der Schulzeit weiter, als Akwa in Kiel lebte. Er verkehrte dort angeblich mit dem berühmten Chirurgen Friedrich von Esmarch, der mit Prinzessin Henriette von Schleswig-Holstein verheiratet war. Er soll bei Grafenfamilien gewohnt haben und selbst Gast von Prinz Heinrich von Preußen gewesen sein, dem Bruder Kaiser Wilhelms II.

Abseits dieser Parallelwelt der Blaublütigen versuchte Akwa sich wenig erfolgreich als unbezahlter Lehrling in einem Kaufhaus sowie als Tabak- und Zigarettenverkäufer in Hamburg. Er plante, in den Im- und Exporthandel mit Kamerun einzusteigen. Vielleicht wäre ihm der berufliche Erfolg trotz aller rassistischer Vorbehalte gelungen. Doch er blieb hin- und hergerissen zwischen seinem Leben in Deutschland und den sich zuspitzenden Missständen in seiner Heimat Kamerun.

Die Deutschen hatten sich nicht lange um die Vereinbarungen des Vertrags von 1884 geschert. Mit Militärgewalt brachen sie das so wichtige Handelsmonopol der Douala mit dem Hinterland. Besonders Gouverneur Jesko von Puttkamer presste seine Kolonie ab 1895 brachial aus. Angeblich »herrenloses Land« wurde per kaiserlicher Verordnung in deutsches »Kronland« umgewandelt.

Die Deutschen beschränkten den Besitz afrikanischer Familien auf höchstens zwei Hektar. Sie rissen Häuser entschädigungslos nieder, legten Dörfer zusammen, um größere Landflächen zu schaffen, und zogen die Douala zur Zwangsarbeit

1902 ließen sich King Bell (im Anzug, mittig), sein Sohn Rudolf Manga Bell (weiter links mit hellem Hut in der Hand) und dessen Frau Emily (mit Schirm) vor ihrer Abreise nach Deutschland fotografieren.

ein. Wer aufbegehrte, wurde in Ketten gelegt oder ausgepeitscht.

Puttkamers Mann fürs Grobe war der Offizier Hans Dominik. Er organisierte »Strafexpeditionen«, bei der Kinder ertränkt wurden, und ließ sich abgeschlagene Köpfe Aufständischer vor die Füße legen. Puttkamer selbst beschimpfte die Douala als »das faulste, falscheste und niederträchtigste Gesindel, welches die Sonne bescheint«. Rückblickend bedauerte er, dass die Deutschen das Volk nicht »wenn nicht ausgerottet, so doch außer Land gebracht« hatten.

Selbst für koloniale Verhältnisse regierte Puttkamer, ein Neffe Bismarcks, ungewöhnlich selbstherrlich: Seine Geliebte aus Berlin stellte er in Kamerun als Haushälterin an, mit falschem Pass unter dem Namen »Freiin von Eckardtstein«, angeblich seine Cousine. Auch sein prunkvoller Palast mit Türmchen, Tennisplatz und Rosengarten sorgte für Aufsehen. Seine Kolonie nannten Spötter »Puttkamerun«.

Mpundu Akwa wollte sich selbst ein Bild seiner Heimat machen. Er war entsetzt über die Zustände, die »weit schlimmer« waren als von ihm befürchtet, so sein Anwalt Levi. Sozialisiert im vermeintlich überkorrekten Deutschland, vertraute er aber darauf, das alles lasse sich regeln. Doch die Ämter in Kameruns Hauptstadt Douala bügelten seine Interventionen ab. Als Akwa drohte, er werde die Missstände höheren Stellen in Berlin melden, begann mit Puttkamer eine lange Fehde.

Mit seinem Vater reiste Akwa nach Deutschland zurück. Im August 1902 legten sie in der Kolonialabteilung des Auswärtigen Amtes eine Beschwerdeschrift vor; Tage zuvor waren schon King August Manga Bell und dessen Sohn Rudolf vorstellig geworden. Das löste hektische Betriebsamkeit zwischen Douala und Berlin aus. In Deutschland war man nicht völlig unempfänglich für die Kritik, die besonders Sozialdemokraten teilten. In Kamerun aber wurde King Akwa nach seiner Rückkehr inhaftiert. Die Zahlungen an seinen Sohn versiegten.

Nun versuchte der Bezirksamtmann von Douala, Eduard Gustav von Brauchitsch, auch Mpundu Akwa auszuschalten. Im November 1902 schickte er einem befreundeten Hamburger Polizeikommissar einen Brief: Die Akwas seien »Betrüger und Schweinehunde«, der Junior befinde sich in finanzieller Not. Wäre das nicht die Chance, ihn per Polizeibefehl mit dem nächsten Schiff nach Kamerun zu deportieren? Natürlich in der dritten Klasse. Er könne, so Brauchitsch weiter, auch offiziell beim Kommissariat anfragen und Akwa des Betrugs bezichtigen.

Aus dem Plan wurde in dieser Form nichts. Akwa wurde zwar aus der Stadt verwiesen; ob das eine Folge des Briefes war, ist aber nicht belegt. Akwa zog ins damals eigenständige Altona. 1905 spitzten sich die Schwierigkeiten seiner Familie dramatisch zu.

In Kamerun hatten King Akwa, King Bell und 27 weitere Unterzeichner im Juni 1905 eine Liste mit 24 Beschwerden an den »allergnädigsten deutschen Reichstag« verfasst. Damit wollten sie das Parlament über »sämtlichen Unfug« und die »Quälereien des hiesigen Gouvernements« informieren. Das Schreiben beklagte eine »viehische« Behandlung: »Den Gouverneur von Puttkamer, dessen Richter, Bezirkamtmänner, kurz seine ganze Regierungsbesatzung wollen wir nicht mehr hier haben.« Dennoch mochte man weiterhin »deutsch bleiben … bis an das Ende der Welt«.

Ansprechpartner in Deutschland für diese Petition sollte Mpundu Akwa sein. Doch der war bereits wegen Betrugs angeklagt: Er schuldete Geld für Schuhe, Zigaretten und Wein und hatte sich offenbar als Prinz und »Kronprinz« ausgegeben, um kreditwürdiger zu wirken. Die Anklage unterstellte Akwa vorsätzlichen Betrug, da er gewusst habe, dass er die Schulden nicht werde begleichen können.

Es folgte im Juni 1905 der große Auftritt des Anwalts Levi, der Akwa als Opfer eines »Vernichtungsfeldzugs« sah. Genüsslich beschrieb er Puttkamers Verfehlungen. Zwar dürfe man »bisher unkultivierte Völker« maßregeln. »Es ist aber in Kamerun das Maß des Erforderlichen überschritten.« So sei in der Kolonie eine explosive »Gärung« entstanden. Die Verwaltung habe darauf mit »Knute und Peitsche« reagiert, aber

»eine so innerlich begründete Empörung eines ganzen Volkes« könne man eben nicht »einfach totmachen«.

Geschickt zerlegte der Verteidiger die Argumente der Anklage. Wer wie Akwa von der deutschen Aristokratie hofiert wurde, dürfe sich mit seiner Biografie als Adliger fühlen. »Und ist denn sein Titel ›Prinz‹ objektiv überhaupt unbefugt?« Zudem habe Akwa jahrelang Geld von seinem Vater bekommen. Er habe also darauf zählen können, seine Schulden tilgen zu können.

Akwa wurde freigesprochen – ein Beleg, dass Rechtsstaatlichkeit im Kaiserreich möglich war. Der Freispruch verschaffte Akwa nur eine kurze Atempause. Die Hatz ging weiter: Nachdem die Beschwerdeliste aus Kamerun im September 1905 im Reichstag eingegangen war, wurde King Akwa im Dezember in Douala wegen Verleumdung und Beleidigung zu neun Jahren Haft verurteilt. Wenig später verlangte Puttkamer, es sei »absolut notwendig«, Mpundu Akwa nach Kamerun auszuliefern; denn er sei der wahre »Anstifter« der Beschwerden.

Anscheinend reichte der Arm des Gouverneurs bis zur Altonaer Polizei. Die verhielt sich jedenfalls »höchst merkwürdig«, berichtete die »Frankfurter Zeitung« im Februar 1906: Beamte fahndeten intensiv nach Akwa. Sie beschlagnahmten Papiere, bedrängten den Vermieter und behaupteten, es gebe einen Haftbefehl gegen Akwa. Doch nachdem sie ihn nicht hatten fassen können und der nächste Dampfer nach Kamerun ohne den Prinzen abgelegt hatte, stellte die Polizei ihre Nachforschungen plötzlich ein.

Danach drehte sich der Wind. Mithilfe seines umtriebigen Anwalts ging Akwa in die Offensive. Schon Ende 1905 hatte er von Reichskanzler Bülow die Freilassung seines Vaters und dessen Mitstreiter verlangt. Erfolgreich wehrte sich Akwa auch gegen Verleumdungen: Ein Schriftsteller und ehemaliger Kapitänsleutnant hatte 1906 in einer konservativen Zeitung geschrieben, Akwa sei ein »minderwertiges Subjekt«, betreibe ein Bordell und habe wegen Diebstahls gesessen.

Dafür wurde der Offizier zu einer geringen Geldstrafe verurteilt – eine kleine Sensation: Ein Schwarzer verklagte einen Weißen und bekam auch noch recht. Allerdings hob eine höhere Instanz das Urteil mit einer rassistisch gefärbten Begründung später auf.

Derweil diskutierte auch die Budgetkommission des Reichstags über die Beschwerdeliste, die im Februar 1906 in der Presse im Wortlaut veröffentlicht worden war. Der Unmut über Puttkamer wuchs. Mitglieder der Kommission beklagten »Cliquenwirtschaft« und »schnöden Missbrauch der Amtsgewalt«. Das Urteil gegen King Akwa und die anderen Unterzeichner der Liste sei »nicht haltbar«; die Strafen wurden später deutlich abgemildert.

Die Missstände in Kamerun und anderen Kolonien waren Wasser auf den Mühlen der Sozialdemokraten. Im Sommer 1906 mündeten sie in einer Staatskrise. Denn SPD und Teile der Zentrumspartei weigerten sich, einen Nachtragshaushalt zu bewilligen. Damit sollte die Niederschlagung des Nama-Aufstands in Deutsch-Südwestafrika finanziert werden.

Der Reichstag wurde aufgelöst. Bei der folgenden »Hottentottenwahl« – benannt nach der herabwürdigenden Bezeichnung für die aufständischen Nama – legte 1907 die kolonialkritische SPD zu. Nur Monate später wurde Puttkamer in Kamerun abgesetzt. Den Ausschlag gab allerdings wohl nicht die Behandlung der Douala, sondern seine privaten Skandale.

Sein Gegenspieler Mpundu Akwa wagte sich 1911 nach Kamerun, um dort ein Kaufhaus zu gründen. Vielleicht glaubte er nun, nach Puttkamers Abgangs in seiner Heimat sicher zu sein. Doch schon bald wurde er wegen politischer Agitation verhaftet, weil er sich für ein unabhängiges Douala-Reich einsetzte, an dessen Spitze er wie ein europäischer Monarch als »Mpundu der Erste« stehen wollte. Er konnte fliehen, doch man fasste ihn kurz vor der Grenze zu Nigeria. Im August 1914 starb er in Haft, womöglich wurde er hingerichtet.

Im selben Monat richtete das Gouvernement Rudolf Manga Bell hin, inzwischen King der Douala. Wie Akwa hatte auch er lange in Deutschland gelebt und sich beharrlich gegen Enteignungen in Kamerun gewehrt. Er unterzeichnete die Beschwerdeliste von 1905 und wandte sich Jahre später erneut an den Reichstag. Die letzten Worte des wegen Hochverrats zum Tode Verurteilten waren angeblich eine wütende Anklage: »Unschuldiges Blut hängt ihr auf. Umsonst tötet ihr mich … Verdammt seien die Deutschen.«

Aufstieg und Fall eines Dolmetschers

Einheimische, die für die Deutschen dolmetschten und vermittelten, konnten Karriere machen. Das aber war riskant – für David Meetom endete es tödlich.

Von Ulrike Schaper

Am 18. Mai 1894 verurteilte ein deutscher Kolonialbeamter den Regierungsdolmetscher David Meetom zu drei Jahren Zwangsarbeit. Das Urteil beendete den steilen sozialen Aufstieg eines Mannes, der in den zurückliegenden zehn Jahren deutscher Okkupation zu einer der einflussreichsten Personen des Kameruner Küstenlandes geworden war.

Die Geschichte seines Aufstiegs illustriert die Chancen, die sich für einzelne Mitglieder der kolonisierten Bevölkerung durch die Fremdherrschaft ergaben. Sein jäher Absturz zeigt aber auch die Gefahren, die eine Bindung an die neuen Machthaber mit sich bringen konnte. Meetom hatte die Gelegenheit ergriffen, seinen Status zu verbessern und seinen Einfluss zu vergrößern – und es sich so mit allen Seiten verdorben.

David Meetom gehörte zu den Douala-Repräsentanten, die am 12. Juli 1884 einen Vertrag mit zwei deutschen Handelshäusern geschlossen hatten. Mit diesem Vertrag übertrugen die »Chiefs and Kings of the Country called Cameroon« ihre »Souveränität« auf das Deutsche Reich.

Der Vertrag war der Ausgangspunkt für die deutsche Kolonialherrschaft in Kamerun. Ihm folgten weitere Vertragsschlüsse, aber auch militärische Gewalt, um die deutsche Machtbasis auszubauen. Meetom, der als Schüler einer Missionsschule Englisch gelernt hatte, war als Vermittler zwischen den Deutschen und der Bevölkerung des Küstengebiets eine Schlüsselfigur. Er stellte den Kontakt zwischen Kolonialverwaltung und Repräsentanten verschiedener Gemeinschaften her, dolmetschte und leitete die Verhandlungen. 1885 wurde Meetom von Gouverneur Julius von Soden zum Regierungsdolmetscher ernannt.

Von da an arbeitete Meetom offiziell als Dolmetscher und Ratgeber für die Kolonialverwaltung. Er gab Befehle des Gouvernements an die Bevölkerung weiter und war an Gerichtsverhandlungen beteiligt, wobei er nicht nur übersetzte, sondern auch im Vorfeld Beweise sammelte und Zeugen befragte. Da die Beamten oft wenig über die rechtlichen Verhältnisse wussten, erklärte Meetom ihnen vermutlich auch die Bedeutung der jeweiligen Konflikte und relevanten Rechtspraktiken. Er entschied, was die Beamten über die Rechtsfälle erfuhren, und beeinflusste, welche Lösungen sie erwogen.

Seinen Erfolg als Vermittler verdankte Meetom seinen Sprachkenntnissen, seinen Verbindungen zur Kolonialverwaltung und seiner Stellung als Subchief innerhalb der Douala-Elite. Als Unternehmer in der Kakaoproduktion hatte er zudem Verbindungen zur Kolonialwirtschaft, konnte seinen

Wohlstand sichern und seinen Einfluss ausbauen. Meetom navigierte in einem komplizierten Netz aus Interessen und Loyalitäten, aus Erwartungen der Kolonialverwaltung und Pflichten gegenüber seiner eigenen Gemeinschaft.

In seiner Tätigkeit überwand er soziale und sprachliche Grenzen. Doch die gesellschaftlichen Regeln der unterschiedlichen Sphären, in denen er sich bewegte, konnte er nicht einfach ignorieren. Seine Arbeit als Vermittler barg die Gefahr, entweder die Kolonialregierung, für die er arbeitete, oder die Douala zu verprellen.

Letztere sahen den steilen Aufstieg Meetoms ohnehin mit Skepsis. In den Akten der Kolonialverwaltung finden sich Hinweise, dass Meetoms Versuch, seinen Einfluss ohne Rücksicht auf bestehende soziale und politische Strukturen zu vergrößern, zu Spannungen führte.

1887 empörte sich der Douala-Subchief John Akwa gegenüber dem Gouverneur: »We understand Meeton (gemeint war Meetom) to be an Interpreter and nothing less but he is trying to set himself a Kingdom …« (in etwa: »Wir sehen Meetom als Dolmetscher und nichts weniger, aber er versucht, sich ein Königreich zu schaffen«).

David Meetom, der eine untergeordnete Position innerhalb der Douala-Gesellschaft einnahm, hatte versucht, seine Macht über jene Grenzen hinweg auszudehnen, die innerhalb dieser Gesellschaft als angemessen galten.

Bis zu einem gewissen Grad überwand Meetom mit seiner Karriere die Trennlinien kolonialer Hierarchien. Seine enge Beziehung zum Gouverneur Soden lag quer zur rassistisch segregierten Gesellschaftsordnung. Doch Meetoms europäische Kleidung und Verhaltensweisen riefen immer wieder diskriminierenden Spott der Deutschen hervor, die darin lediglich vorgebliche und vergebliche Versuche einer anmaßenden Selbstzivilisierung sahen.

Die rassistische Kolonialordnung begrenzte zudem seine Karrieremöglichkeiten. Meetoms Einfluss gründete vor allem auf seinen persönlichen Verbindungen, seiner Einsicht in politische Prozesse und seinen Zugang zu Informationen, weniger auf einer formalen Machtstellung innerhalb der kolonialen Hierarchie.

Für beide Seiten war Meetom das Nadelöhr im Informationsfluss zwischen Kolonialregierung und kamerunischer Bevölkerung. Diese konnte nicht immer unterscheiden, ob Meetom tatsächlich im Auftrag der Kolonialverwaltung oder eigenmächtig handelte.

So gab ein Zeuge in der Gerichtsverhandlung gegen ihn zu bedenken: »Da wir glaubten, dass Meetom die Wahrheit sprach, weil wir ihn immer mit dem Gouverneur zusammen gesehen haben, gaben wir ihm das Verlangte.«

Zudem hielt Meetom anscheinend verschiedene Personen mit Drohungen davon ab, sich bei der Kolonialverwaltung zu beschweren. Diese Strategie war eine Zeit lang erfolgreich. Es dauerte, bevor die Kolonialverwaltung etwas von Meetoms unautorisierten Aktivitäten erfuhr und daraufhin seine steile Karriere beendete.

Während des Gerichtsprozesses schilderten mehr als zehn Zeugen Begebenheiten, in denen Meetom seine Stellung als Regierungsdolmetscher missbraucht hatte. Der vorsitzende Kolonialbeamte sah es auf dieser Grundlage als erwiesen an, dass Meetom sich bestechen ließ, um den Ausgang von Gerichtsverhandlungen oder regierungspolitische Entscheidungen zu beeinflussen. Er habe ohne Berechtigung im Namen des Gouverneurs Waren eingezogen, Personen inhaftiert und ein Gericht für seinen Bruder eingerichtet und von den dortigen Gebühren und Strafzahlungen profitiert.

Aus Sicht der Kolonialregierung hatte Meetom sein Amt missbraucht. Das war nicht nur ein individuelles Versagen, sondern Ausdruck einer strukturellen Schwäche. Meetoms unautorisierte Handlungen bedrohten die fragile Machtsituation, die die Kolonialregierung in vielen Bereichen von der zuverlässigen Zuarbeit afrikanischer Vermittler abhängig machte.

Auch nach Meetoms Verurteilung fürchtete das Gouvernement seinen Einfluss, sodass es ihn nicht in Kamerun inhaftierte, sondern ins Exil nach Togo schickte. Im Juli 1894 legte das Dampfschiff, das Meetom nach Togo bringen sollte, für einen Zwischenstopp in Victoria (Limbe) noch in Kamerun an. Meetom nutzte die Gelegenheit und entkam. Von dort schlug er sich nach Douala durch und floh mit seinen Frauen und Kindern weiter ins Inland.

Daraufhin beschlagnahmte der Gouverneur Eugen von Zimmerer Meetoms gesamtes Vermögen und erklärte ihn für vogelfrei. Den letzten Versuch, sein Schicksal selbst in die Hand zu nehmen, überlebte Meetom nicht. Ende 1894 wurde er auf der Flucht erschossen.

Die Autorin **Ulrike Schaper** ist Juniorprofessorin für Global History am Friedrich-Meinecke-Institut der FU Berlin.

SCHNELLES WISSEN

Wie sah die gesellschaftliche Struktur an der Küste Kameruns aus?

Im Mündungsgebiet des Kamerunflusses (Wouri) hatten die Douala großen Einfluss. Sie dominierten den Zwischenhandel zwischen Küste und dem Inland. In der nicht zentralisierten Douala-Gesellschaft gab es zwei dominante Familienverbände. Daneben regelten untergeordnete Chiefs unabhängig die Angelegenheiten ihrer Gemeinschaften. Die deutsche Kolonialregierung trat als neuer Machtfaktor in diese Situation. Die Improvisation des kolonialen Verwaltungsaufbaus, die Spannungen innerhalb der Douala-Gesellschaft und die Konflikte verschiedener Bevölkerungsgruppen um Einfluss im Küstengebiet schufen eine dynamische Machtsituation.

»Du wid get wo?«

In Australien und Papua-Neuguinea sprechen einige Menschen bis heute eine Sonderform des Deutschen aus der Kolonialzeit: Unserdeutsch. Der Linguist Péter Maitz erklärt, was es damit auf sich hat.

Ein Interview von Johannes Saltzwedel

SPIEGEL: *Seit 2015 erforschen Sie das »Unserdeutsch«. Was ist das, und wie erfuhren Sie davon?*

Maitz: Die ersten Hinweise fand ich durch Zufall, als ich auf eine ältere Arbeit eines Kollegen aus Papua-Neuguinea stieß, der mir dann zum Kontakt mit der Sprachgemeinschaft selbst verhalf. Unserdeutsch ist eine »Kreolsprache«, wie sie typischerweise in Kolonien entstehen. Um 1900 gab es am Nordrand der Insel Neupommern – heute Neubritannien – in der damaligen Südseekolonie Deutsch-Guinea die katholische Internatsschule von Vunapope, in der Kinder aus Verbindungen europäischer und asiatischer Männer mit indigenen Frauen von deutschen Missionaren erzogen und unterrichtet wurden. Die Sprache des Unterrichts und des Alltags an der Mission war Deutsch, die Verwendung ihrer eigenen Sprachen war den Kindern nicht erlaubt.

Was hatten sie denn vorher gesprochen?
Maitz: Die meisten Tok Pisin, das melanesische Pidginenglisch. Aber das sollte durch europäische Erziehung verdrängt werden. Als die Kinder von Vunapope heranwuchsen, untereinander heirateten und Familien gründeten, entstand die neue Sprachgemeinschaft.

Wie lief das ab?
Maitz: Kreolsprachen entstehen typischerweise unter Zwang – gewöhnlich auf Plantagen, zwischen Arbeitern verschiedener Muttersprachen. Sie sind Mischsprachen, deren Vokabular hauptsächlich aus der Sprache der Kolonialherren stammt, während Grammatik und Lautung in den örtlichen Sprachen verwurzelt sind. So auch im Unserdeutsch. Im Satz »Du wid get wo?«, »Wohin würdest du gehen?«, etwa sind die Wörter deutschen Ursprungs, aber die Wortstellung entspricht Tok Pisin.

Ist Unserdeutsch für deutsche Muttersprachler verständlich?
Maitz: Ja, weil der Wortschatz sich ähnelt. Umgekehrt funktioniert es deutlich weniger.

Lebt Unserdeutsch noch?
Maitz: Es steht kurz vor dem Aussterben. Es gibt momentan maximal 100 Sprecher, durchschnittlich etwa 75 Jahre alt. Der Niedergang hängt vor allem damit zusammen, dass die Sprachgemeinschaft, die wegen ihrer Hautfarbe lange Ausgrenzung er-

leiden musste, im Zuge der Unabhängigkeit Neuguineas 1975 nach Australien auswanderte; heute leben die Unserdeutsch-Sprecher zerstreut in Ballungsräumen des östlichen Australiens.

Die Sprache entstand unter kolonialem Zwang. Ist sie überhaupt erhaltenswert?
Maitz: Jede Sprache ist gleichermaßen erhaltenswert, da sie in einzigartiger Weise Geschichte, Kultur und Identität einer Gemeinschaft widerspiegelt und trägt. Unserdeutsch ist zudem weltweit das einzige Kreol, das aus dem Deutschen hervorgegangen ist. Ob es noch revitalisiert werden kann, hängt natürlich davon ab, ob dies die Gemeinschaft überhaupt will. Unsere Forschungen und ihr internationales Medienecho haben aber erfreulicherweise dazu geführt, dass etliche Nachfahren der heutigen, letzten Sprechergeneration Unserdeutsch inzwischen als wertvolles kulturelles Erbe sehen. Deswegen sind sie nun auch interessiert und bereit, die Sprache ihrer Eltern und Großeltern zu erlernen. Dabei kann und soll für sie – und für alle anderen in Zukunft – die nachhaltige Konservierung und umfassende grammatische Beschreibung der Sprache im Rahmen unseres Forschungsprojekts eine große, beinahe unentbehrliche Hilfe sein.

Péter Maitz ist ordentlicher Professor für deutsche Sprachwissenschaft und Soziolinguistik an der Universität Bern. Seit 2015 arbeitet er als Leiter eines internationalen Forschungsprojekts an der Dokumentation und Beschreibung von Unserdeutsch.

Menschenversuche im Paradies

Die Schlafkrankheit tötete Tausende und gefährdete die koloniale Wirtschaft. Der berühmte Arzt Robert Koch suchte nach Abhilfe – mit höchst problematischen Experimenten an Kranken.

Von Johann Grolle

»Können Sie sich einen schöneren Platz auf der Welt zum Arbeiten vorstellen?«, fragte Robert Koch seinen Begleiter, den Königlich-Preußischen Oberarzt Friedrich Karl Kleine. Zusammen mit einem kleinen Trupp von Mitarbeitern hatten die beiden deutschen Mediziner Quartier in einem tropischen Paradies bezogen.

Gesäumt von Palmenstränden, lag der Archipel der Ssese-Inseln inmitten des horizontweit sich erstreckenden Viktoriasees. Für die Bewohner schien es, als läge ein Fluch auf dieser Idylle: Viele Hütten waren verlassen, ganze Dörfer entvölkert. Denn die Schlafkrankheit wütete im Land. Die Palmölproduktion stand vor dem Kollaps, der Fischfang stagnierte. Die

Besucher aus Europa hingegen genossen die Ruhe: »Nichts stört uns, keine Besuche und so selten die Post!«, schrieb Koch nach Hause.

Daheim in Deutschland war er eine Berühmtheit, ein Superstar der medizinischen Wissenschaft. Jetzt war er gerufen worden, der vielerorts in Afrika grassierenden Schlafkrankheit Einhalt zu gebieten. Auf den im britischen Teil des Viktoriasees gelegenen Ssese-Inseln hatte er schließlich das »Krankenmaterial« gefunden, das er für seine Studien benötigte.

Den ganzen Tag verbrachte er nun, über das Mikroskop gebeugt, in den großen aus Daressalam entliehenen Landvermesserzelten. Oder er ging hinüber zu Kleine, der auf dem grasbedeckten Untersuchungsplatz gegenüber die Lymphdrüsen der Kranken abtastete und punktierte, Blut abnahm und das Arsenpräparat Atoxyl injizierte, wenn er nicht gerade Krokodile jagte. Um Verwechslungen zu vermeiden, trug jeder Patient eine in Holz gebrannte Nummer um den Hals.

Zwischendrin kehrten die »Fliegenboys« aus den Palmenplantagen zurück. Allmorgendlich schwärmten sie aus, Tsetsefliegen zu fangen. Die Gelehrten aus Deutschland hatten ihnen erklärt, dass diese die Schlafkrankheit übertrügen. In den Zelten war alles vorbereitet, um im Gewebe der Insekten die Entwicklung der Erreger studieren zu können. Parallel dazu untersuchte Koch die Lymph- und Blutproben der Kranken.

Lange Zeit hatten die europäischen Kolonialherren der Schlafkrankheit kaum Beachtung geschenkt. Das Leiden war weniger augenfällig als bei der Cholera, der Pest oder den Pocken. Es gab keine Berge unbeerdigter Leichen.

Die Schlafkrankheit ging schleichend um, und doch konnte sie verheerend wirken – allerdings dauerte es, bis dies ins Bewusstsein der Europäer rückte. Berichte über eine merkwürdige epidemisch sich verbreitende Lethargie gab es schon seit dem Mittelalter. Doch erst am Ende des 19. Jahrhunderts wandten sich Ärzte und Forscher systematisch dem Leiden zu, das seine Opfer langsam entkräftet und schließlich, oft nach Jahren, in einen tiefen Dämmerzustand versetzte. Besonders beängstigte die Mediziner die Prognose: Soweit es sich feststellen ließ, endete die Krankheit unbehandelt ausnahmslos tödlich.

Kaum war die Aufmerksamkeit auf diese Plage gerichtet, nahm das Interesse rapide zu. Expeditionen zur Aufklärung des Leidens wurden nach Afrika entsandt, Berichte vom unheimlichen Sterben in Busch und Savanne kehrten von dort zurück. Bald avancierte die Schlafkrankheit neben der Malaria zum zweiten Inbegriff der gefährlichen Tropen, ähnlich wie Ebola in den Neunzigerjahren.

Die Wissenschaft machte unterdes rasch Fortschritte beim Verständnis der Krankheit. Britischen Forschern gelang es, die Erreger zu identifizieren: Im Blut der Patienten fanden sie einzellige, geißelschlagende Parasiten, sogenannte Trypanosomen. Robert Koch konzentrierte sich dann darauf, den Lebenszyklus dieser winzigen Organismen aufzuklären. Schon auf seiner ersten Reise nach Deutsch-Ostafrika im Jahr 1905 sezierte er zu diesem Zweck Tsetsefliegen, in deren Darm die Trypanosomen reifen, bis sie beim nächsten Biss auf einen neuen menschlichen Wirt übertragen werden.

Auf seiner zweiten Reise im Jahr darauf bezog Koch das Lager auf den Ssese-Inseln. Inzwischen hatte sich die Situation zugespitzt. Aus Uganda trafen Schreckensbotschaften ein, die Briten meldeten Hunderttausende von Toten. Die deutsche Kolonialverwaltung in Daressalam fürchtete deshalb, die Seuche werde von Norden her auf die deutsche Kolonie übergreifen. In ihrer Not setzte sie alle Hoffnung auf den Medizinstar Robert Koch.

Die Sorge der Verwaltung galt dabei nicht dem Wohl der Menschen. Sie sah die kolonialwirtschaftliche Ordnung in Gefahr. »Jede Seuche wurde ökonomisch gedeutet«, erklärt der Heidelberger Medizinhistoriker Wolfgang Uwe Eckart, 69, der als Erster die Geschichte der Medizin in den deutschen Kolonien aufgearbeitet hat. Nicht die Gesundung der Menschen, sondern die Stärkung ihrer Arbeitskraft sei deren oberstes Ziel gewesen.

Ungeschminkt hat vor allem der in Togo und Kamerun tätige Regierungsarzt Ludwig Külz die Grundsätze der »kolonialen Menschenökonomie« formuliert, denen sich alles ärztliche Tun in den Kolonien zu unterwerfen habe. Die »Eingeborenen«, so der Kolonialarzt, seien als »wertvollster Besitz« der Kolonie zu betrachten. Deshalb sei es Aufgabe der Ärzte, diese »in ihrer vollen Leistungsfähigkeit zu erhalten«. Akribisch rechnete er vor, dass auch nur 1000 verlorene Menschenleben für die Kolonie jährliche Verluste von mindestens einer Million Goldmark bedeuteten.

Die Mediziner hatten offenbar kein Problem mit ihrer Doppelfunktion: Auf der einen Seite hatten sie ihre weißen Patienten zu versorgen, so wie sie es aus Europa gewohnt waren. Sie machten Hausbesuche, therapierten die Kranken und versuchten, ihnen, so gut es eben ging, Linderung zu verschaffen.

Auf der anderen Seite gehörte auch die Behandlung der Schwarzen zu ihren Aufgaben. »Doch hier waren sie nicht dem Patienten, sondern der Kolonialregierung verpflichtet«, erklärt Eckart. Es ging nicht darum, den Einzelnen zu versorgen, seine Schmerzen oder sein Leid zu lindern. Ärzte verstanden sich ihrer schwarzen Klientel gegenüber vielmehr als »Tropenhygieniker«, die helfen sollten, das »lebendige Stammkapital« der Kolonien zu erhalten und »rentabel zu verwerten«, wie es Regierungsarzt Külz formulierte.

Das stand in offensichtlichem Widerspruch zum hippokratischen Eid, mit dem die Ärzte geloben, all ihr Handeln solle einzig dem »Nutz und Frommen der Kranken« dienen. Meldete sich da bei keinem der Kolonialdoktoren das Gewissen? »Beim Studium der Quellen bin ich nirgendwo auf einen Hinweis auf moralische Bedenken der Ärzte gestoßen«, konstatiert Eckart.

Die Welt, wie die Kolonialherren sie sahen, war ihnen feindlich gesinnt: drückende Hitze, wilde Tiere, aufsässige Schwarze. Nichts verkörperte das so eindrücklich wie die tropischen Seuchen. Malaria, Gelbfieber, Schlafkrankheit – allerorten, so schien es, lauerte der Tod. Von allen Gefahren für das Leben der Europäer, aber auch für die Aufrechterhaltung der kolonialen Wirtschaftsordnung stellten winzige Mikroben die größte dar.

Ärzte boten sich da als die natürlichen Verbündeten der Kolonialbehörden an. Sie waren damit nicht nur Hüter der Gesundheit, sondern auch Stützen des kolonialen Systems. Und es kam den deutschen Kolonialbehörden sehr zupass, dass die Medizin genau zum richtigen Zeitpunkt das zur Abwehr infektiöser Krankheiten notwendige Rüstzeug entwickelte. Denn zu ebenjener Zeit, als die Deutschen ihre kolonialen Ambitionen entdeckten, war die Bakteriologie zur neuen Leitwissenschaft der Medizin aufgestiegen.

Robert Koch (r.) und sein Begleiter Friedrich Karl Kleine suchten auch im Blut von Krokodilen nach dem Erreger der Schlafkrankheit (am Viktoriasee, 1906).

Durch ihre Mikroskope hatten die Forscher winzige Organismen im Körper als Verursacher von Krankheiten entdeckt. Im Jahr 1873 hatte der norwegische Arzt und Zoologe Gerhard Hendrik Hansen den Erreger der Lepra beschrieben. Schon wenige Jahre später hatten die Forscher auch die bakteriellen Auslöser von Syphilis, Tuberkulose, Diphtherie, Pneumonie und Cholera identifiziert.

Eine zentrale Rolle in der neuen Medizin spielte Robert Koch. Er erkannte als Erster die Erreger von Milzbrand, Cholera und Tuberkulose. Von ihm stammten viele der Techniken zum Züchten und Färben der Mikroben.

Kein Wunder, dass die Behörden ihn zu Hilfe riefen, als sie sich mit unheimlichen tropischen Infektionskrankheiten konfrontiert sahen, die die Wirtschaft in den Kolonien gefährdeten. Koch wiederum ließ sich gern bitten.

Schon als Junge hatte er von Reisen in ferne Länder geträumt. Begeistert hatte er die abenteuerlichen Berichte von Alexander von Humboldt gelesen. Anfangs, als Landarzt in der preußischen Provinz, schien all das für ihn unerreichbar. Doch dann stieg er zu Weltruhm auf, und die alten Träume erwachten aufs Neue.

Ohnehin war Koch des hektischen Berliner Forschungsbetriebs überdrüssig geworden. »Bei uns zu Hause ist die Concurrenz eine so gewaltige, daß es sich wirklich nicht mehr lohnt, dort zu forschen«, klagte er. Stattdessen drängte es ihn nach Übersee: »Da liegt noch das Gold der Wissenschaft auf der Straße.«

Bald verbrachte er viel Zeit auf Expeditionen nach Ägypten, Südafrika, Indien oder Neuguinea. Nach Deutsch-Ostafrika und auf die Ssese-Inseln im Viktoriasee führte ihn seine letzte Forschungsreise – sie war, wie das Robert Koch-Institut verschämt auf seiner Website vermerkt, »das dunkelste Kapitel seiner Laufbahn«.

Auf den Ssese-Inseln wollte Koch die Schlafkrankheit nicht nur erforschen. Er war gekommen, um sie zu besiegen. Er glaubte, ein Mittel finden zu können, mit dem sich die Parasiten im Körper der Kranken würden abtöten lassen. Seine Hoffnungen setzte er vor allem auf Atoxyl, eine Substanz, die Wirkung gegen Syphilis gezeigt hatte. Und da deren Erreger den Trypanosomen in der Form ähnelten, hoffte er auch bei der Schlafkrankheit auf therapeutische Erfolge.

Koch begann also, den Kranken systematisch das arsenhaltige Mittel zu injizieren. Dann protokollierte er den klinischen Verlauf. Er wusste: Dies waren medizinische Menschenexperimente, die er so in Deutschland nie hätte durchführen dürfen. Andererseits, so rechtfertigte er sich später, gelte es zu bedenken, dass seine Versuchspersonen »an einer absolut tödlichen Krankheit litten und ohne chemische Intervention unrettbar verloren waren«. War es da nicht zulässig, wenigstens einen Heilversuch zu unternehmen?

Tatsächlich schien es zunächst, als gebe der Erfolg ihm recht. Das Fieber der Kranken sank, ihre Lymphdrüsen schwollen ab. Die Trypanosomen verschwanden allmählich aus ihrem Blut. Nach einigen Wochen verbesserte sich auch der Allgemeinzustand der Patienten. So schildert Koch den Fall der 25-jährigen F. Nach dreijähriger Krankheit sei sie »stark benommen« und »so schwach, daß sie ganz unfähig ist zu gehen«. Nach einmonatiger Atoxyl-Behandlung dagegen, schreibt Koch, wirke sie »geistig klar und zeigt lebhaftes Wesen«. Auch sei sie jetzt »imstande, gut zu gehen«.

Überschwänglich berichtet Koch nach Hause: »Es ist doch eine wunderbare Sache, wenn man Menschen, die unrettbar dem Tode verfallen sind, diesem Schicksal entreißen kann.« So euphorisch war er angesichts seiner Erfolge, dass er es nicht recht wahrhaben wollte, als die Wirkung der Therapie nachließ und erst die Symptome der Patienten, dann auch die Trypanosomen in ihrem Blut zurückkehrten.

Trotzig verdoppelte Koch die Atoxyl-Dosis, obwohl er um die Risiken einer Arsenvergiftung wusste. Prompt traten jetzt massive Nebenwirkungen auf: Die Kranken klagten über Schmerzen, sie litten unter Darmkoliken, einige konnten nicht mehr sehen. Koch tat die Erblindung als vorübergehend ab, doch das Augenlicht der unter der Therapie Vergifteten kehrte nicht mehr zurück. Im Gegenteil: Die Zahl der Blinden im Lager nahm zu.

Im August 1907 brach Koch nach Deutschland auf und betraute seinen Mitarbeiter Friedrich Karl Kleine mit der Verantwortung für die weitere Trypanosomen-Forschung und Schlafkrankheitstherapie. Dass sich mit Atoxyl keine Heilung der Schlafkranken erzielen ließ, stand zu diesem Zeitpunkt bereits fest. Die Gefahr schwerer Arsenvergiftungen war nicht mehr zu leugnen.

Trotzdem war das Atoxyl-Experiment damit keineswegs beendet. Von den Fehlern, deren sich Robert Koch im Verhalten seinen schlafkranken Patienten gegenüber schuldig gemacht hat, wiegt seine Unfähigkeit, sich das eigene Scheitern rechtzeitig einzugestehen, am schwersten. Bei seiner Rückkehr nach Berlin ließ er sich als Held im Kampf gegen eine Geißel der Menschheit feiern. Und es besteht kein Zweifel daran, dass er die Huldigungen genossen hat.

In Afrika aber ließ er Instruktionen zurück, wie fortan gegen die Schlafkrankheit vorzugehen sei. Auf seine Empfehlung hin wurden in Ostafrika, wenig später auch in den Kolonien Kamerun und Togo Lager eingerichtet. Alle Verdachtsfälle auf Schlafkrankheit wurden notfalls unter Anwendung von Zwang dorthin verbracht. Wer versuchte, aus diesen Isolationslagern zu fliehen, musste mit drakonischen Prügelstrafen rechnen. Der zuständige Arzt ordnete diese als Lagerrichter nicht nur an, er vollzog sie mit dem harten Ende eines Taus auch zugleich selbst.

Hoffnung auf Heilung bestand für die dort Kasernierten nicht. Trotzdem wurde ihnen, auch gegen ihren Willen, das arsenhaltige Atoxyl injiziert, oft in noch höherer Dosierung, als Koch es appliziert hatte.

Wie viele Menschen an den Folgen dieser Therapie erblindeten oder starben, konnte die Forschung bisher aufgrund schlecht geführter und mutmaßlich auch gefälschter Protokollbücher nicht genau ermitteln. Gewiss sei nur eines, sagt Medizinhistoriker Eckart: »Es waren viele, sehr, sehr viele!«

SCHNELLES WISSEN

Gab es Unterschiede im kolonialen Rassismus?

Im Kaiserreich bestand ein rassistischer Konsens, der implizit behauptete, die Unterworfenen seien unfähig, ihr Land selbst zu regieren. Zwischen den Kolonien wurde jedoch differenziert. Afrikanern gegenüber war der Rassismus am krassesten: Während deutsche Militärs im heutigen Namibia auf Gegenwehr der Herero und Nama ab 1904 mit einem Vernichtungskrieg antworteten, setzte Wilhelm Solf, der Gouverneur von Samoa, 1908 auf die friedliche Beilegung eines Aufstands und erlaubte örtliche Selbstverwaltung und bilinguale Schulen.

»Die Weißen waren Monster«

Ein Projekt dokumentierte in den Achtzigerjahren die Erinnerungen an die deutsche Kolonialzeit in Kamerun.

Von Felix Bohr

Kamerun war zwischen 1884/85 und 1916 eine deutsche Kolonie. In der wissenschaftlichen Erforschung dieser Zeit fehlte die afrikanische Sichtweise jahrzehntelang weitgehend. Der kamerunische Historiker und Germanist Prinz Alexandre Kum'a Ndumbe III. (*1946) bereiste mit einer Gruppe von Forschenden zwischen 1980 und 1986 Kamerun, um mit den letzten noch lebenden Zeugen der Kolonialzeit zu sprechen. Insgesamt entstanden 176 Interviews in unterschiedlichen kamerunischen Sprachen. Das Projekt »Recollections of the German Period in Cameroon« ist einzigartig. Die Zeitzeugengespräche wurden in mehreren Publikationen veröffentlicht, von denen bislang drei in deutscher Sprache vorliegen. Daraus stammen die folgenden Auszüge.

1 Papa Omog Thomas Franz

Papa Omog Thomas Franz, ein Angehöriger der Volksgruppe der Bakoko, wurde 1983 im Alter von rund 90 Jahren in Edéa interviewt, einem Ort im Südwesten Kameruns. Der Namenszusatz »Papa« gilt als respektvolle Anrede eines alten Mannes. Papa Omog wuchs in der Kolonialzeit auf, von 1905 an besuchte er die deutsche Schule.

Papa Omog: *(auf Deutsch)* Deutschland, Deutschland über alles, über alles in der Welt! *(Kurzes Zögern)* Von der Maas bis an die Memel, immer stark und froh …

INTERVIEWER: Vielen Dank, Papa! Was heißt das?

Papa Omog: Der Deutsche … Deutschland steht über den Völkern.

INTERVIEWER: Deutschland steht über allen Völkern!?

Papa Omog: Allen Völkern.

INTERVIEWER: Wann haben Sie das gesungen?

Papa Omog: Ich habe es in der Schule gelernt … Das war … das war … die Nationalhymne.

INTERVIEWER: Hier in Kamerun?

Papa Omog: In Kamerun, als die Deutschen da waren.

INTERVIEWER: Wann sind die Deutschen hier erschienen?

Papa Omog: Im Jahr 1896. Am Anfang waren es Handelsleute, die kamen.

INTERVIEWER: Erinnern Sie sich noch an die Namen der deutschen Verwalter?

Papa Omog: Der erste Verwalter war … Rittmeister Freiherr von Groningen …

INTERVIEWER: Und konnte er ein Oberhaupt absetzen?

Papa Omog: Ja, ja, mit seiner Macht …

INTERVIEWER: Gab es eine gemeinsame oder getrennte Gesetzgebung zwischen Weißen und Schwarzen?

Papa Omog: Man konnte keine Gesetzgebung mit den Weißen schaffen! Die Weißen, das waren Monster, die Deutschen sind nicht so freundlich wie die Franzosen.

INTERVIEWER: Es gab also ein Gericht hier.

Papa Omog: Für Schwarze.

INTERVIEWER: Und die Schwarzen sind vor dieses Gericht gegangen?

Papa Omog: Dieses Gericht, wenn es Kriminelle waren!

INTERVIEWER: Und welche Strafen wurde verhängt?

Papa Omog: Es gab Kriminalstrafen.

INTERVIEWER: Aber es wurde nicht getötet?

Papa Omog: Doch! Verdammt! Eine Hauptstrafe war natürlich die Todesstrafe … Es wurde gehängt.

INTERVIEWER: Wer wurde zum Beispiel gehängt?

Papa Omog: Einmal wurden neun gleichzeitig gehängt.

INTERVIEWER: Neun Personen, die Sie selbst kannten?

Papa Omog: Ja. Unter anderem. Da war ein bekanntes Oberhaupt mit Namen Etotoké.

INTERVIEWER: Was hat er getan?

Papa Omog: Sie wurden des Fetischismus beschuldigt.

Zeugnis eines Bakoko aus Edéa, Papa Omog Thomas Franz über die deutsche Kolonisation, aus: Kum'a Ndumbe III. (Hg.): »Jetzt berichten afrikanische Zeitzeugen … Neun wurden erhängt, gleichzeitig … So ist das hier! Gesagt, getan!« Editions AfricAvenir, Wien 2018.

2 Nji Fifen Kúendap André

Bamun-Patriarch Nji Fifen Kúendap André, um 1900 geboren, wurde 1982 in der Stadt Foumban im westlichen Kamerun interviewt. Er war ein Kind, als die deutschen Kolonialherren in seinen Heimatort kamen. Sie legten dort Plantagen an und zwangen die Bevölkerung zur Fronarbeit.

INTERVIEWER: Wie haben sie (*die Deutschen* – Red.) sich in Kouitié eingerichtet?
Nji Fifen André: Sie haben dort Plantagen angelegt. Sie waren etwa fünf. Andere kamen und gingen wieder …
INTERVIEWER: Sah die Bevölkerung die Deutschen als gute oder böse Menschen?
Nji Fifen André: Es sind böse Menschen, denn wenn du ihnen nicht gehorchtest, taten sie dir weh …
INTERVIEWER: Weil Sie vorhin von der Plantage sprachen, die es dort gab: Bezahlte man die Arbeiter dort gut?
Nji Fifen André: Ich lach mich tot *(lachend)*! Was sollten sie mit dem Geld schon machen? Es war ein Frondienst.

Bericht eines Bamun-Patriarchen, Nji Fifen Kúendap André über die deutsche Kolonisation, aus: Kum'a Ndumbe III. (Hg.): »Jetzt berichten afrikanische Zeitzeugen … Lass ich mich auf Hexer ein?« Editions AfricAvenir, Wien 2018.

3 Papa Pegha André

Papa Pegha André wurde zwischen 1983 und 1984 im Ort Njok-Nkong interviewt. Er gehörte zur Volksgruppe der Basaa. Im Zeitzeugengespräch berichtete der damals 96-Jährige unter anderem von der Bautätigkeit der deutschen Kamerun-Eisenbahn-Gesellschaft an der Strecke in Njok.

Pegha André: Die Arbeiter von »Njok« bekamen nur spärliche Mahlzeiten …
INTERVIEWER: Ach ja?
Pegha André: »Njok« hat über eine Million Menschen das Leben gekostet …
INTERVIEWER: Was wart ihr damals für sie?
Pegha André: Ach, Arbeitstiere! So konnte man auch die vielen Todesfälle problemlos rechtfertigen! Du weißt das nicht, man wurde oft mit dem Stock geschlagen … Unsere Körper waren mit Prellungen überzogen, wegen der schlechten hygienischen Zustände in unseren Barackenlagern und der schlechten Behandlung … Diese Arbeiten wurden in Ketten ausgeführt und unter Peitschenhieben, damit niemand sich ausruhte.
INTERVIEWER: Wie meinst du das?
Pegha André: Immer wenn wir von einem Ort zum anderen gingen, krümmten sich unsere Körper unter den Stockschlägen. Manche sind zusammengebrochen, und viele sind gestorben …
INTERVIEWER: Oh.
Pegha André: So war das bei der Zwangsarbeit.

Interview eines betagten Basaa, Papa Pegha André über die deutsche Kolonialzeit, aus: Kum'a Ndumbe III. (Hg.): »Jetzt berichten afrikanische Zeitzeugen … So war das bei der Zwangsarbeit …« Editions AfricAvenir, Wien 2018.

Die Suche nach Zeugen

Prinz Alexandre Kum'a Ndumbe III. über das Projekt »Recollections of the German Period in Cameroon«

Ein Interview von Felix Bohr

SPIEGEL: *Wie entstand die Idee zu den Zeitzeugeninterviews?*

Kum'a Ndumbe III.: Ich habe 1970 an der Universität in Lyon meine Magisterarbeit über die deutsche Kolonialzeit in Kamerun geschrieben. Damals gab es kaum Forschungsliteratur zu dem Thema und nahezu ausschließlich europäische Quellen. Als ich neun Jahre später an der Universität in Yaoundé zu lehren begann, hatte sich daran noch immer nichts geändert. Auch in Kamerun forschte man zumeist mit deutschen, französischen und englischen Materialien über Afrika – nicht nur in der Geschichtswissenschaft, sondern auch in anderen Fächern.

Was für Quellen waren das?

Kum'a Ndumbe III.: Zum Beispiel Verwaltungsakte, Missionars- oder Reiseberichte. Diese Quellen konnten nicht erfassen, wie das wirkliche Leben der Menschen aussah, welches Verhältnis sie zum Kolonialherrn hatten und wie sie behandelt worden waren. Dadurch entstand ein eindimensionales Bild der Kolonialzeit. Jahrzehntelang wurde zu afrikanischer Geschichte geforscht, ohne Afrikaner selbst zu befragen. Damals dachte ich mir, das kann so nicht weitergehen. Ich wollte ein Zeichen setzen.

Wie sind Sie vorgegangen?

Kum'a Ndumbe III.: Ich habe eine interdisziplinäre Gruppe von Professoren zusammengestellt, darunter Historiker, Germanisten, Ökonomen, Anthropologen und Juristen. Die Regierung Kameruns erklärte sich zur Finanzierung der ersten Phase des Zeitzeugenprojekts von 1981 bis 1986 bereit. Eine internationale Konferenz in Yaoundé mit Forschern aus 14 Ländern und in Anwesenheit der alten Zeitzeugen wertete die ersten Ergebnisse aus. Danach wurde das Projekt von der Fondation AfricAvenir International in Douala fortgeführt. Dank einer Kooperation mit der Düsseldorfer Gerda Henkel Stiftung erfuhr das Projekt von 2015 bis 2020 einen wesentlichen Schub, unter anderem durch eine 18-bändige Veröffentlichung der transkribierten Interviews.

Wie haben Sie denn die Zeitzeugen gefunden?

Kum'a Ndumbe III.: Wir haben zunächst unsere Studierenden mit Fragebögen in jene Regionen und Orte des Landes geschickt, in denen sie die Sprache verstanden. Es gibt in Kamerun mehr als 230 nationale Sprachen. Die alten Zeitzeugen waren zwischen 90 und 110 Jahre alt und lebten größtenteils zurückgezogen in Dörfern, die nur schwer zu erreichen waren. ... Manchmal musste man drei Stunden zu Fuß gehen, um einen Ort zu erreichen. Wir sammelten viele Namen und wählten schließlich 176 Zeitzeuginnen, Zeitzeugen und Nachkommen aus.

Wie blickten die Menschen auf die Zeit zurück?

Kum'a Ndumbe III.: Das hing davon ab, mit wem man sprach. Ob es etwa ein armer Mensch war oder ein König, ob ein Lehrer, Pastor oder Militär. Interessant ist, dass viele Zeitzeugen zu Beginn des Gesprächs von den guten alten Zeiten schwärmten, etwa von den technischen Innovationen durch die Deutschen, von Disziplin und Pünktlichkeit. Aber je länger die Gespräche dauerten, desto häufiger berichteten die Gesprächspartner von Unterdrückung und Gewaltexzessen. Und eines hatten am Ende dann doch alle gemeinsam: das Gefühl, völlig entmachtet worden zu sein.

Können Sie Beispiele nennen?

Kum'a Ndumbe III.: Das betraf alle Bereiche des Lebens, zum Beispiel die Kommunikation: Deutsch galt plötzlich als Amtssprache. Wer nicht in der Lage war, sich auf Deutsch zu artikulieren, wurde nicht gehört. Oder die Wirtschaft: Die Afrikaner, die ein Geschäft betrieben, durften unter den deutschen Kolonialherren nicht mehr eigenverantwortlich Handel treiben. Sie mussten als Angestellte in deutschen Läden fungieren und waren abhängig von den deutschen Kaufleuten. Ihre ursprüngliche Währung, der Kroo, wurde zweimal abgewertet, dann abgeschafft und stattdessen die Reichsmark eingeführt.

Welche Formen der Entmachtung gab es noch?

Kum'a Ndumbe III.: Die Kolonialherren verboten alle bis dahin geltenden religiösen Praktiken, etwa den Ahnenkult, das geltende juristische System und die afrikanische Erziehung. Sie raubten rituelle Gegenstände aus heiligen Hainen und verschleppten sie nach Europa. Für die Deutschen sind das heute Museumsstücke, aber in Wahrheit waren das ja religiöse, spirituelle Objekte und Machtsymbole. Das ist dramatisch. Die Afrikaner fühlten sich, als sei ihnen ihre Seele geraubt worden. Die Zeitzeugen erzählten uns viele solcher Episoden, mit viel Schmerz.

Welche Erinnerungen hatten die Frauen, mit denen Sie sprachen, an die Kolonialzeit?

Kum'a Ndumbe III.: Ein wiederkehrendes Thema war das Verhältnis der deutschen Kolonialherren zu ihren afrikanischen Geliebten. Diese Männer zeugten Kinder, die sie dann verließen. Wir haben etwa die uneheliche Tochter des Kolonialbeamten und Gouverneurs von Kamerun, Jesko von Puttkamer, interviewt. Ihr Name war Else. Die Familie von Puttkamer wollte auch später nichts mit ihr zu tun haben. Sie hat ihr gesamtes Leben unter der Vaterlosigkeit gelitten.

Hat das Zeitzeugenprojekt Ihren Blick auf die Kolonialzeit verändert?

Kum'a Ndumbe III.: Ja, mein Blick ist bereichert worden. Endlich gibt es kamerunische Quellen zur deutschen Kolonialgeschichte. Das ist eine total andere Welt, die unsere Forschungsgruppe damals erschlossen hat – und eine wichtige Ergänzung zu den europäischen Quellen. Unsere Arbeit geht aber weiter. 30 weitere Bände warten auf die Bearbeitung. Sie sollen in französischer, englischer und deutscher Übersetzung veröffentlicht werden. Weitere finanzielle Mittel fehlen, aktuell sind wir auf der Suche nach Sponsoren.

Rasse und Raum

Auch die Nazis schmiedeten koloniale Pläne für Afrika.
Dann aber wandte sich Hitler nach Osten.

Von Uwe Klußmann

Der Griff über die Grenzen war von Anfang an geplant. Im 25-Punkte-Programm der NSDAP vom 24. Februar 1920, dem Gründungsprogramm der Partei, hieß es in Punkt 3: »Wir fordern Land und Boden (Kolonien) zur Ernährung unseres Volkes und Ansiedlung unseres Bevölkerungsüberschusses.«

Das klang zwar vermessen angesichts einer Organisation, die damals gerade mal 332 Mitglieder zählte, unter ihnen den zur Führung drängenden Adolf Hitler. Aber die NSDAP knüpfte an einen breiten gesellschaftlichen Konsens der damaligen Zeit an.

Bereits ein Jahr zuvor hatte die Nationalversammlung, das deutsche Parlament, die »Wiedereinsetzung Deutschlands in seine kolonialen Rechte« verlangt. Sozialdemokraten, bürgerliche Parteien und die ultrarechten Deutschnationalen stimmten dafür.

Den Standpunkt vieler Bürgerlicher brachte der Kölner

Oberbürgermeister und spätere erste Bundeskanzler Konrad Adenauer 1927 auf den Punkt: »Das Deutsche Reich muss unbedingt den Erwerb von Kolonien anstreben. Im Reiche selbst ist zu wenig Raum für die große Bevölkerung.«

Adenauers Auffassung entsprach den Thesen vom »Lebensraum«, die der Schriftsteller und zeitweilige Kolonialfarmer Hans Grimm 1926 im Roman »Volk ohne Raum« verbreitet hatte. Das Buch fand viel Zustimmung bei Bildungsbürgern. Nur wenige Kritiker verspotteten die Kampfschrift als »Grimms Märchen«, unter ihnen Kurt Tucholsky in der linksliberalen »Weltbühne«.

Grimm näherte sich noch in der Weimarer Republik der NSDAP und rief 1932 zur Wahl der Partei auf. Im NS-Regime wurde der Buchtitel zum geflügelten Wort. Mehr noch, Grimms Machwerk, in dem es von rassistischen Zuschreibungen wimmelte, wurde Schullektüre – und ein Dauerbestseller. Bis 1944 wurden von »Volk ohne Raum« 550 000 Exemplare verkauft.

Hitler allerdings hatte schon früh deutlich gemacht, dass er – anders als Politiker der Weimarer Republik und Afrika-Nostalgiker wie Grimm – nicht an einer Wiederherstellung des kolonialen Status von 1914 interessiert war. Der war ihm viel zu bescheiden.

In seinem 1925/26 veröffentlichten Buch »Mein Kampf« urteilte er: »Die einstige deutsche Kolonialpolitik war halb, wie alles, was wir taten.« Ohne »Bodenerwerb«, so der »Führer«, sei das »Volk dem Untergang geweiht«.

Das Ziel für »Bodenerwerb« aber sah er nicht in Afrika, sondern im Osten Europas. Man müsse, so Hitler, den »ewigen Germanenzug nach Süden und Westen« stoppen und »den Blick nach dem Land im Osten« richten.

Hitlers Fazit: »Wir schließen ab die Kolonial- und Handelspolitik der Vorkriegszeit und gehen über zur Bodenpolitik der Zukunft.« Dabei müsse man »in erster Linie nur an Russland und die ihm untertanen Randstaaten denken«. Das »Riesenreich im Osten«, so Hitler, sei »reif zum Zusammenbruch«.

Das Konzept des NSDAP-Chefs basierte auf der These, es sei »nur Boden zu germanisieren« – nicht aber die Menschen. Es lief somit auf die Vertreibung und sogar Vernichtung der angestammten Bevölkerung Russlands, der Ukraine und Weißrusslands hinaus.

Einige Forschende vertreten die These, es gebe »strukturelle Ähnlichkeiten zwischen dem Verhalten deutscher Administratoren in den Kolonien und im besetzten Russland«, wie der Hamburger Historiker Jürgen Zimmerer schreibt. Zimmerer argumentiert, in beiden Fällen hätten die Ideen der »Rasse und des Raumes« im Zentrum gestanden.

Der Feldzug gegen die Herero und die Nama im heutigen Namibia in den Jahren von 1904 an sei »in vieler Hinsicht paradigmatisch für den nationalsozialistischen Vernichtungskrieg« gewesen. Die »Vernichtung ganzer Ethnien« als »Tabubruch«, so Zimmerer, sei »zuerst in den Kolonien vollzogen« worden. Daher müsse man »die Expansionspolitik des ›Dritten Reiches‹ als Teil der Kolonialgeschichte begreifen«.

Diese Sicht ist allerdings umstritten. Der Holocaust sei von den kolonialen Verbrechen und anderen Völkermorden grundsätzlich zu unterscheiden, so die Kritik an Zimmerer und anderen Autoren, die eine Kontinuität sehen. Die Vernichtung der Juden sei das einzige und ursprüngliche Ziel von Hitlers Politik gewesen – nicht weil sie sich der Ausbeutung und Unterdrückung widersetzten, sondern allein deshalb, weil sie Juden waren. Während etwa die Gräueltaten gegen

Herero und Nama sich eher situationsbedingt durch die Eskalation des Konflikts ergeben hätten, sei der Holocaust von Beginn an mit dem Ziel vorangetrieben worden, die Juden auszulöschen.

Doch man stellt die Einzigartigkeit des Holocaust nicht infrage, wenn man nach Kontinuitätslinien fragt. Hitlers planmäßige Vernichtung der Juden ist nicht gleichzusetzen mit den Völkermorden zuvor. Anders als die Kolonisten in Afrika führte das NS-Regime in der Sowjetunion einen »weltanschaulich geführten Eroberungs- und Vernichtungskrieg«, so der Historiker Manfred Oldenbourg. Ein weiterer Unterschied: Das NS-Regime unterdrückte, im Gegensatz zum Kaiserreich, gewaltsam alle potenziellen Kritiker im eigenen Lande. Eine kontroverse Debatte im Reichstag über die Besatzungspolitik im Osten war völlig undenkbar.

Im Umgang mit der nichtjüdischen Zivilbevölkerung allerdings zeigen sich durchaus Ähnlichkeiten mit dem Vorgehen in Afrika. Und bei allen Unterschieden baute Hitlers Vorgehen auf den kolonialen Vorerfahrungen der Deutschen auf. Bei den alten Eliten, geprägt vom Kolonialismus des Kaiserreiches, fand Hitler rasch Unterstützung für seine exzessive Version von Kolonialpolitik.

Wenige Tage nach seiner Machtübernahme, am 3. Februar 1933, kündigte er vor Generälen der Reichswehr in einem Vortrag eine »aktive Außenpolitik« an. Diese Politik habe, so Hitler, »das Ziel der Ausweitung des Lebensraumes des deutschen Volkes«. Dies werde »auch mit bewaffneter Hand erreicht werden«. Und das Ziel werde »wahrscheinlich der Osten« sein. So gewann Hitler die alte militärische Elite für sein Vorhaben einer gewaltsamen Ostkolonisation auf rassistischer Basis. Kennzeichnend für die Sicht seiner Zuhörer war, was

Der Frauenbund der Deutschen Kolonialgesellschaft, gegründet 1907, agitierte noch bis 1936 wie hier in Württemberg für deutsche Kolonien in Afrika.

Vizeadmiral Otto Groos noch 1952 über diesen Vortrag Hitlers sagte: »Es wurden keine politischen Ziele verkündet, die hätten bedenklich stimmen können.« Groos hatte seit 1900 der Kaiserlichen Marine angehört, koloniale Eroberungen waren für ihn selbstverständlich.

Eine Schlüsselfigur für Hitlers Kolonialpropaganda war Franz Ritter von Epp. Der Generalleutnant und Veteran aus den Kämpfen gegen die Herero in »Deutsch-Südwestafrika« war auch in China im Einsatz gewesen.

Nach einem kurzen Gastspiel bei der rechtskatholischen

Bayerischen Volkspartei trat Epp 1928 in die NSDAP ein und zog im selben Jahr für die Partei in den Reichstag ein. Nach der Machtübertragung setzte Hitler den Haudegen als Reichskommissar in Bayern ein, kurz darauf als Reichsleiter des Kolonialpolitischen Amtes der NSDAP. Bald übernahm Epp auch die Leitung des Reichskolonialbunds. Die Massenorganisation gab die »Deutsche Kolonialzeitung« heraus und zählte 1938 mehr als eine Million Mitglieder.

Epp sorgte dafür, dass alle kolonial ausgerichteten Jugendgruppen 1933 in die Hitlerjugend (HJ) übernommen wurden. In der HJ und dem Deutschen Jungvolk, der Organisation für die 10- bis 14-Jährigen, waren Memoiren deutscher Afrikakolonisten eine beliebte Lektüre. Für Gesprächsstoff unter Hitlerjungen sorgte das Buch »Heia Safari« des Kommandeurs der deutschen »Schutztruppe« in Ostafrika, Paul Emil von Lettow-Vorbeck. Der deutschnationale Lettow-Vorbeck galt den Nazis als koloniale Kultfigur. Als junger Kompaniechef war der spätere Generalmajor zwischen 1904 und 1906 am Völkermord an den Herero beteiligt.

Kolonialfossile wie Epp und Lettow-Vorbeck waren den Nazis nützlich, als Hitler Ende der Dreißigerjahre ein koloniales Arrangement mit den Briten verfolgte. Ausgehend vom deutsch-britischen Flottenabkommen 1935 hoffte Hitler auf Kompromisse der beiden – wie er es sah – »germanischen« Imperien, des britischen Empire und des Deutschen Reiches. Die Briten stellten zeitweise die Rückgabe ehemaliger deutscher Kolonien gegen politisches Entgegenkommen wie etwa den Verzicht auf einen bewaffneten Krieg gegen Polen in Aussicht. Deutschland allerdings verfolgte bald andere Pläne.

Nach Kriegsbeginn, im März 1940, gab Hitler den Auftrag zu »vorbereitenden Arbeiten für eine künftige Kolonialverwaltung«. Schreibtischtäter verfassten ambitionierte Konzepte. So schuf das Kolonialpolitische Amt die »Organisation Banane« für die Übernahme der früheren Kolonie Kamerun, die nach dem Ersten Weltkrieg in französischen Besitz übergegangen war. Das Amt, in dem bald rund 250 Mitarbeiter tätig waren, skizzierte bereits Stellenpläne für die Besetzung von Führungsposten in Nigeria, Französisch-Äquatorialafrika, Belgisch-Kongo und das heutige Tansania.

Doch die Planungen für Afrika blieben Gedankenspiele. Konkret hingegen wurde der Vormarsch nach Osten: Am 22. Juni 1941 überfiel die deutsche Wehrmacht die Sowjetunion. Und schon bald zeigte sich, was Hitlers »Bodenpolitik der Zukunft« für die betroffenen Menschen bedeutete. Bereits am 2. Mai 1941 hatte General Georg Thomas, Chef des Wirtschafts- und Rüstungsamts im Oberkommando der Wehrmacht, prognostiziert, dass »zweifellos zig Millionen Menschen verhungern, wenn von uns das für uns Notwendige aus dem Land herausgeholt wird«.

Umgesetzt wurde dies in einem Erlass, den Hitlers Beauftragter für den Vierjahresplan, Hermann Göring, am 1. Dezember 1941 an alle militärischen Stäbe in den eroberten Gebieten der Sowjetunion sandte. Es seien, hieß es da, »aus den besetzten Ostgebieten für Truppe und Reich mit nachhaltiger Wirkung möglichst hohe landwirtschaftliche Überschüsse herauszuwirtschaften«. Daher, so der beleibte »Reichsmarschall« Göring, »muss der örtliche Verbrauch der einheimischen Bevölkerung möglichst gering gehalten werden«.

Schon vor dem Einmarsch hatte der Staatssekretär im Reichsministerium für Landwirtschaft und Ernährung, Herbert Backe, in einem internen Papier über die Perspektive der deutschen Besatzungspolitik behauptet: »Armut, Hunger und

Genügsamkeit erträgt der russische Mensch schon seit Jahrhunderten. Sein Magen ist dehnbar, deshalb kein falsches Mitleid!« Dahinter verbarg sich der Plan zur Vertreibung oder Deportation großer Teile der Bevölkerung zugunsten deutscher Landwirtschaft und Siedlung: SS-Chef Heinrich Himmler bezifferte eine »Dezimierung der slawischen Bevölkerung« um 30 Millionen Menschen als erklärtes Ziel des Feldzugs nach Osten. Himmler, von Haus aus Hühnerzüchter, war als »Reichskommissar für die Festigung des deutschen Volkstums« zuständig für die Kolonialisierung der besetzten Gebiete der Sowjetunion.

Er war verantwortlich für den »Generalplan Ost«, der 1941 im Reichssicherheitshauptamt entstand. Das Dokument selbst ist verloren gegangen, erhalten aber sind »Gedanken zum Generalplan Ost des Reichsführers SS«, die der rassenpolitische Dezernent im Reichsministerium für die besetzten Ostgebiete verfasste. Darin ist die Rede davon, die Bevölkerung des heutigen Belarus müsse »zu 75 Prozent ausgesiedelt« werden. Das restliche Viertel solle »zur Eindeutschung gelangen«.

Eingedeutscht werden sollte nach dem Willen Hitlers und Himmlers auch die russische Halbinsel Krim am Schwarzen Meer, von den NS-Planern »Gotengau« genannt. In einem Erlass des Oberkommandos der Wehrmacht vom 12. Juli 1942 (»Geheime Kommandosache«) heißt es, der »Führer« habe »die Absicht geäußert, die Halbinsel Krim von den dort ansässigen Russen und Ukrainern zu räumen«. Sie machten 63 Prozent der Bevölkerung aus.

Als Erstes ermordeten »Einsatzgruppen« des Sicherheitsdienstes der SS auf der Krim wie auch in anderen besetzten sowjetischen Gebieten die jüdische Bevölkerung. So wurden allein in der Stadt Simferopol auf der Krim mit Beihilfe der Wehrmacht 14 500 Juden erschossen.

Die »massenmörderische Ostpolitik des ›Dritten Reiches‹«, so der Historiker Zimmerer, stand »in einer Traditionslinie mit dem europäischen Kolonialismus«. Dabei habe das NS-Regime eine »extrem radikalisierte Variante« praktiziert: Eine hoch zentralisierte Bürokratie organisierte den Genozid planmäßig, in zuvor ungeahnten Dimensionen.

Dabei unterschied sich die Politik gegenüber den Juden von Anfang an grundsätzlich von jener gegenüber der nichtjüdischen Bevölkerung. Juden billigte die NS-Politik im Zuge der Bekämpfung des – in Hitlers Diktion – »jüdischen Bolschewismus« keinerlei Existenzrecht zu. Die »Einsatzgruppen« organisierten die massenhafte Erschießung und später auch Vergasung der gesamten jüdischen Bevölkerung im Besatzungsgebiet – insgesamt zwischen 1,5 und 2 Millionen Juden wurden auf sowjetischem Gebiet ermordet.

Gegenüber den verbliebenen Einwohnern setzten die Deutschen auf brutales Besatzungsregime. Der Reichskommissar Erich Koch verfolgte eine Politik des Hungers und Terrors gegen die ukrainische Bevölkerung. Im Gespräch mit anderen NS-Funktionären nannte er die Ukrainer ein »Kolonialvolk«, das »mit der Peitsche wie die Neger« behandelt werden müsse. Ukrainer und auch Russen – insgesamt etwa 2,8 Millionen Zivilisten – wurden bis zum Kriegsende auch als Zwangsarbeiter ins Deutsche Reich verschleppt und versklavt.

Kochs Stellvertreter Paul Dargel vertrat sogar offen die Auffassung, man müsse »die Ukrainer vernichten«, um »Siedlungsland für deutsche Bauern« zu schaffen. Zu Ansiedlungen kam es vor der Niederlage der Wehrmacht bei Stalingrad im

Februar 1943 und dem anschließenden Rückzug nicht mehr, der Hunger aber wurde für unzählige Menschen Realität.

Um die Besetzten in Sicherheit zu wiegen, bauten die Nazis Hilfstruppen aus antisowjetischen Ukrainern, Krimtataren und Russen auf. Die von den Nazis gelenkten Kolonialtruppen im Osten waren eine Weiterentwicklung dessen, was General Lettow-Vorbeck mit den Askari in Ostafrika betrieben hatte. In der Ukraine entstand die Waffen-SS-Division »Galizien« aus westukrainischen Nationalisten. Auf der Krim diente fast jeder zehnte Krimtatar in einer bewaffneten Kollaborateurseinheit. Stalins Politik in den Jahren zuvor, die gewaltsame Kollektivierung mit Millionen Hungertoten, der Terror des sowjetischen Regimes mit Hunderttausenden Erschossenen und die Unterdrückung der Religionsgemeinschaften hatten den Boden bereitet für eine massenhafte Bereitschaft zur Kooperation mit den Deutschen, auch bei vielen Russen.

Dabei wirkte auch die Erfahrung, dass Deutsche sich im Zarenreich einen guten Ruf als fähige Beamte und Organisatoren erworben hatten. Warnungen vor der Hitler-Ideologie in der für schrille Propaganda bekannten Sowjetpresse unter Stalin nahmen viele Bürger nicht ernst.

Mehrere Zehntausend russische Antikommunisten standen unter dem Kommando des übergelaufenen Sowjetgenerals Andrej Wlassow. Das NS-Regime setzte dessen Hilfstruppen noch im Frühjahr 1945 an der Oderfront ein. Welche Illusionen diese Truppe damals in der Führung des »Dritten Reiches« wachhielt, zeigt ein Brief von Hitlers Finanzminister Graf Schwerin von Krosigk vom 12. März 1945 an Propagandaminister Goebbels. Darin schwärmte Krosigk, Großvater der AfD-Europaabgeordneten Beatrix von Storch, er halte die

Wlassow-Truppe »für einen der stärksten Trümpfe, die wir noch in unserem Spiel haben«.

Der propagandistische Einfluss der Wlassow-Leute, so der Finanzminister, könne eine »zusammenbruchartige Wirkung auslösen und sich als die Posaune erweisen, unter deren Dröhnen die Mauern Sowjet-Jerichos zusammenstürzen«.

Sechseinhalb Wochen später erschoss sich Hitler im Bunker unter der Reichskanzlei. Wlassow wurde im August 1946 in Moskau zum Tode verurteilt und gehängt.

Der Einmarsch der Roten Armee in Berlin führte nicht nur zum Zusammenbruch des Hitler-Regimes. Der Kolonialgedanke war am Ende: In den Jahrzehnten nach dem Krieg zerfiel auch das Kolonialsystem anderer Staaten.

Expansion geradeaus nach Süden

Das weiterhin koloniale Denken der 1920er-Jahre brachte einen bizarren Plan hervor: die Trockenlegung des Mittelmeers für einen Kontinent »Atlantropa«.

Der deutsche Architekt Herman Sörgel arbeitete ab 1928 an dem heute bizarr anmutenden Plan, das Mittelmeer trockenzulegen und die Kontinente Afrika und Europa zum transnationalen »Friedenskontinent Atlantropa« zu vereinigen. Den Nazis waren seine Pläne zuwider, denn Sörgel dachte sich zumindest Europas Nationen als gleichberechtigte Partnerinnen, die allerdings weiterhin über Afrika und seine Bewohnerinnen und Bewohner verfügen sollten. Die Öffentlichkeit belächelte die Idee, die aber auch Fans fand: Sörgels Organisation unterhielt bis zu seinem Tod 1952 Büros in Europa und den USA. Der SPIEGEL berichtete am 13. März 1948 erstaunt und distanziert.

»Die Allgäuer Schwaben halten nichts von dem irdischen Paradies, das der Atlantropa-Plan des Ingenieurs Herman Sörgel in Oberstdorf verspricht. Sie nennen den weißhaarigen, stattlichen

Mann mit dem riesigen Monokel im rechten Auge einen kosmopolitischen Träumer. Bestenfalls.

Herman Sörgel weist mit ruhiger Überlegenheit den Vorwurf der Träumerei zurück. Er gibt zu, Atlantropa sei ein ungeheures Projekt. Aber die Verwirklichung sei keineswegs eine Wahnidee. Mit einem Stab von Ingenieuren und Wissenschaftlern hat Herman Sörgel alle technischen Pläne für Atlantropa bis ins Kleinste immer wieder überprüft. Selbst außenstehende Fachleute bestätigen, dass Atlantropa mit den heutigen Hilfsmitteln verwirklicht werden kann.

Atlantropa soll die Einheit Europas und Afrikas in politischer, wirtschaftlicher und kultureller Hinsicht bringen. Der Schlüssel zum Paradies wäre ein gewaltiges technisches Werk, das unter Zusammenarbeit aller Mächte Europas an den Küsten des mittelländischen Meeres erstehen müsste.

Ein 26 Kilometer langer Staudamm bei Gibraltar, ein anderer bei Gallipoli sollen die Zuflüsse zum Mittelmeer sperren. Dieses Binnenmeer, sagt Dr. Sörgel, würde dann als Verdunstungsmeer alljährlich seinen Spiegel um fast zwei Meter senken. Das entstehende Gefälle würde Kraftwerken bei Gibraltar, Tunis, Gallipoli und Zeuta dienen.

Natürlich würde auch Land gewonnen werden. Bei einer Senkung des Mittelmeerspiegels um 100 Meter im Westbecken würden 91 000 Quadratkilometer, bei 200 Meter im Ostbecken sogar 485 000 Quadratkilometer fruchtbares Land aus dem Wasser auftauchen. Mit der erzeugten Energie ließe sich die bisher undurchführbare Bewässerung der Sahara und Nordafrikas erreichen. Ein ganzer Erdteil würde zum Wirtschaftsland Europas werden.

Durch die Auffüllung des Kongobeckens verspricht man sich eine Klimaaufbesserung, die den weißen Menschen erlaubt, dieses Gebiet zu besiedeln. Der gesamte Menschenüberschuss der Erde könnte dort leben, angenehm leben in einem übernationalen Vaterland, das die europäischen Nationen schufen. Atlantropa werde weder expansiv noch offensiv sein, meint Sörgel, es habe an sich selbst genug.

Sörgel weiß schon, was Atlantropa an Ernten bringen würde. Bei 50 Meter Niveausenkung des Mittelmeeres wären Agrarprodukte für 12,8 Milliarden Mark zu erwarten, bei 150 Meter für 22 Milliarden Mark.

Die Frage der Finanzierung ist auf dem Papier schon geklärt. Der Bau des Gibraltardammes wird etwa 6 Milliarden Dollar kosten. Wenn man bedenkt, dass die USA für den letzten Krieg 340 Milliarden Dollar an finanziellen Lasten aufbrachten, dann ist dieser produktive Bau ein Geschenk. Außerdem würden sich die investierten Kapitalien selbst amortisieren.

Der Weg der Welt führt unbedingt zu Atlantropa, sagt Herman Sörgel.«

Unter Barbaren

Der Kölner Museumsdirektor Julius Lips erforschte, wie Kolonisierte die Kolonialherren sahen – in der NS-Zeit ein gefährlich radikales Unternehmen.

Von Harald Justin

Ende 1932 führte Julius Lips einen Kampf mithilfe von Stift und Papier. Er musste schreiben, anschreiben gegen die um sich greifende Barbarei des Nationalsozialismus in der Weimarer Republik.

Lips, geboren 1895, war promovierter Jurist, promovierter Psychologe und zudem seit Anfang der Dreißigerjahre Professor für jenes Fach, das »Völkerkunde« heißt. Bereits seit 1928 ist er Direktor des Rautenstrauch-Joest-Museums in Köln. Die Position war hart umkämpft, aber er hatte es geschafft.

Schon 1930 hatte er ein Buch zur »Plastik der Naturvölker« veröffentlicht. Bücher über außereuropäische Kunst oder über sogenannte Naturvölker lagen im Trend, sie bedienten erotisch unverbrämte Schaulust auf die als exotisch geltende Nacktheit der »Primitiven«. Ethnologen wie Hugo Bernatzik feierten Erfolge mit Büchern wie »Gari-Gari. Der Ruf der afrikanischen Wildnis« (1930), auf dessen Umschlag eine junge, nackte Afrikanerin zu sehen war.

Lips war dieser koloniale Blick auf die Menschen Afrikas ebenso fremd wie der ästhetisierende Zugriff auf deren Kunst. Ihn interessierte nicht, was afrikanische Masken für die Werke von Pablo Picasso und Georges Braque bedeuteten.

Der Vampirismus, mit dem sich seit Carl Einsteins einflussreichem Buch »Negerplastik« (1915) Künstler und Kritiker von der Kunst der Kolonialisierten nährten, um die westliche Kultur einer Frischzellenkur zu unterziehen, lag ihm nicht. Ebenso wenig das Vorgehen seiner Berufskollegen, die sich im Sinne deutscher Kolonialpolitik mit dem Sammeln, Ausstellen und Abklassifizieren von vermeintlich »primitiver Kunst« abgaben.

Ihn beschäftigte vielmehr die umgekehrte Perspektive. Denn er hatte sich umgehört. Nicht bei den Kolonialherren, sondern bei den Kolonisierten, den Opfern. Wie nannten die westafrikanischen Ewe einen der Weißen? »Soso« – den, »der viel haut«.

Oder er notierte ein in Togo kursierendes Sprichwort: Anspielend auf die mangelnde Körperhygiene der Weißen, machten sich die Afrikaner über die und sich selbst lustig, wenn es hieß: »Pfui! Du wäscht dich wie ein Weißer!«

Das Phänomen, dass eine ethnische Gemeinschaft, ein Volk, eine Gruppe einer anderen, fremden das Menschsein abspricht, ist mittlerweile als Ethnozentrismus bekannt. Heute wissen Forschende, dass Europäer von Nichteuropäern als ebenso unmoralisch, kulturlos, verschlagen und hässlich empfunden wurden wie umgekehrt. Zu Lips' Zeiten aber musste diese Erkenntnis als Affront gelten. Schließlich stellt sie das Selbstverständnis des weißen Mannes, der sich als Krönung der Schöpfung ins Bild gesetzt sehen will, ganz gehörig infrage.

Um diesem Selbstbild etwas entgegenzusetzen, hatte Lips ab 1929 bei Sammlern und Museen in aller Welt, in Moskau, Paris oder Wien, recherchiert. Sammlung und Sichtung des Materials waren beendet. Jetzt schrieb er an dem Buch, mit dem er seinen bereits aufgenommenen Faden weiterspinnen wollte. Nun aber wickelte er das gesponnene Garn um eine andere Rolle.

Nicht länger wollte er darüber diskutieren, ob die Kunst der damals »Primitive« genannten Menschen auf dem Niveau von Kinderzeichnungen oder eher dem von Schizophrenen steht. Gegen diese chauvinistische Sicht mobilisierte er das kollektive Gedächtnis der außereuropäischen Kunst, fragte nach dem Eindruck, den die Europäer in der Ferne hinterlassen hatten. Was machte die Kunst aus den weißen Gewaltmenschen?

Wie sahen etwa afrikanische Künstler jene Soldaten, deren Gewehre die Fremdherrschaft sicherten? Als zugleich mächtige und lächerliche Figuren, stellte Lips fest: Die Künstler zeigten sie als starre Verkörperung dumpfen Gehorsams, ohne Macht über den eigenen Körper und das eigene Denken, der militärischen Disziplin so unterworfen, dass die Hände an der Hosennaht festgewachsen scheinen. Lips sah Künstler am Werk, mit Witz und Ironie, die sogar koloniale Traumata bearbeiteten.

Ebenso befremdend wie die Soldaten mussten ihnen die weißen Frauen erscheinen. Gab es überhaupt Frauen im Land der weißen Männer? Wenn ja, dann sahen einige wohl so aus, wie ein Künstler aus Benin sie ins Holz geschnitzt hat: Die Figur, die eine Pensionsvorsteherin darstellt, strotzt vor Details.

Die damalige Damenmode sei akkurat mit dem Schnitzmesser erfasst worden, notierte Lips, zugleich öffne die Figur die Augen für die »ungraziöse Selbstzufriedenheit« und die »falsche Züchtigkeit« der Dargestellten.

Lips schrieb: »Welche Lebhaftigkeit der Anschauung, welch scharfe Kritik und zugleich Schelmerei des Künstlers! Ein modernes Mädchenpensionat würde dieser Plastik einen Ehrenplatz einräumen, allerdings nur, wenn auch die Vorsteherin einen Spaß versteht.«

Noch heute möchte man bei der Lektüre »Touché« rufen, wenn Lips mit Kennerblick und schriftstellerischer Fortune sein Credo einer von Ironie und Satire gesättigten Ästhetik des Widerstands ausbreitet.

Oder wenn er eine bislang unbeachtete afrikanische Holzskulptur zu einem von Spott gegenüber dem weißen Mann triefenden Meisterwerk erklärt, das jeden Vergleich mit europäischen Kunstwerken aushält – oder gar zu seinen Gunsten entscheidet. Da sieht man auch über die Verwendung zeittypischer Sprachklischees hinweg.

Vor allem wenn man weiß, dass Lips sich mit seiner Forschung auf vermintem Terrain bewegte. Er, der aktive Sozialdemokrat, hatte böse Vorahnungen, wie es ihm und seinem Werk ergehen könnte, wenn der nationalsozialistische Ungeist weiter um sich greifen würde.

Mit einem der »renommiertesten Ethnologen des nationalsozialistischen Deutschlands«, Hermann Baumann, lag er wegen eines Ausstellungsprojekts im Streit; Baumann war seit 1932 Mitglied der NSDAP und arbeitete intensiv an Plänen für die Rückeroberung deutscher Kolonien in Afrika.

Ein anderer Ethnologe bezichtigte ihn vor Gericht (erfolglos) des Plagiats, zwei enge Mitarbeiter führten Lips zufolge

Diese Figur in westlicher Uniform schnitzte ein Künstler in Benin um 1900.

die Gestapo durch sein Museum, händigten den Inspekteuren Schautafeln aus seinem gerade entstehenden Buch aus und halfen bei der Beschlagnahmung seiner privaten Bibliothek und Aufzeichnungen. Jedenfalls folgten sie Lips nur wenig später auf seinem Posten nach.

Es gab Hausdurchsuchungen und Anklagen. Seine Frau, Eva Lips (1906 bis 1988), wusste, was ihn umtrieb: »Dem Nichteuropäer achtungsvollen Tribut zu zollen wurde zum Delikt. Um seiner Menschenliebe wurde der Ersinner solchen Vorhabens verfolgt.«

Lips' Arbeit war auch deshalb so brisant, weil die allermeisten deutschen Ethnologen mit ihrer Forschung damals als Verstärker für das rassistische Weltbild fungierten. Die große Mehrheit, urteilt der Ethnologe Werner Petermann im Rückblick, müsse sich den Vorwurf gefallen lassen, »selbst aktiver Teil des nationalkonservativen rechten Milieus gewesen zu sein«: Ihre Wissenschaft legitimierte ideologisch die Herrschaftsansprüche der Weißen.

Unwillig, bei diesem Treiben mitzumachen, legte Lips im März 1933 seine Ämter nieder, noch in der Hoffnung, als Privatgelehrter arbeiten zu können.

Doch das Unheil konnte er nicht aufhalten. Im Oktober wurden ihm sämtliche Bezüge und Pensionsansprüche gestrichen, bald entzog ihm das preußische Innenministerium die Lehrbefugnis, die deutsche Staatsangehörigkeit wurde ihm aberkannt, sein Vermögen beschlagnahmt. Einem bevorstehenden Prozess entkam er durch die Flucht ins amerikanische Exil. Im Gepäck: das Manuskript zu seinem Buch – samt Fotomaterial.

In den USA arbeitete Lips daran weiter. Tatsächlich aber schrieb er an mehr als einem Buch. Es war ein – sein – Lebensentwurf, mit dem er sich seiner eigenen Existenz versicherte: ein Gegenbild zum Rassismus des Nationalsozialismus und zur europäischen Kolonialgeschichte, angereichert durch seine persönliche Empörung und Empathie.

Im Vorwort parallelisierte er seine eigene Geschichte mit der Opfergeschichte der Kolonisierten. Noch unter dem Eindruck des nationalsozialistischen Terrors stehend, schrieb er: »Ich hatte es gewagt, mein persönliches Eigentum gegen den totalen Staat zu verteidigen. Mein Ungehorsam wurde zur Prestigefrage für die örtliche NSDAP. Es folgte jede Menge Schikanen. So kam es, dass der Titel dieses Buches zum Motto meines Lebens wurde. Dank meines Beharrens wurde ich selbst ein Wilder.«

Es sind diese Worte, die sein besonderes Anliegen verdeutlichen: Nicht die Deutungshoheit über afrikanische Masken und Figuren interessierte ihn. Ihm ging es um die Prozesse der Ausgrenzung, die das Gegenüber zum anderen, zum Wilden machen – und ihn infolgedessen unzivilisierter, unmenschlicher Behandlung preisgeben.

Unfreiwillig zum Wilden gemacht, war er zum Gegenschlag bereit, und weil er selbst dabei menschlich bleiben wollte, nutzte er vor allem Spott und Ironie: Sein Buch nannte er »The Savage Hits Back« – Der Wilde schlägt zurück. Es erschien 1937 in New Haven und London.

Grund genug zum Zurückschlagen hatte der ins Exil Getriebene. Bitter beklagt Lips sich, dass unter Hitler die Mittelmäßigen, Neider und Charakterlosen Karriere machten. Sein Schmerz lässt sich erahnen.

Denn die deutsche Völkerkunde arbeitete ideologisch der Kolonialpolitik des »Dritten Reiches« zu. Und ihre Blutspur führte nicht nur in die Ferne, sondern direkt zu den Tätern zurück. Die Ethnologen verkauften ihre Seele und ihre Wissenschaft – im unbedingten Willen, sich der Macht anzudienen, eines der zahlreichen dunklen Kapitel der deutschen Wissenschaftsgeschichte.

Wilhelm Mühlmann (1904 bis 1988), ein führender Völkerkundler der NS-Zeit, erkannte frühzeitig die Zeichen der Zeit. 1937, in dem Jahr, in dem »The Savage Hits Back« erschien, plädierte er in einer Denkschrift für die Errichtung eines zentralen Instituts für Rassen- und Völkerforschung. Entstehen sollte es ausgerechnet am Rautenstrauch-Joest-Museum in Köln, Lips' früherer Wirkungsstätte.

1939 forderte Mühlmann die geistig-geografische Umorientierung seines Fachs. »Das bevorzugte Feld unserer ethnologischen Betätigung ist Europa, vornehmlich Osteuropa, in weiterem Sinn Eurasien«, schrieb er. Die neuen Kolonien sollten östlich von Deutschland entstehen, und Mühlmann schwor seine Zunft auf die zukünftigen Eroberungskriege ein.

Und während Lips in den Vereinigten Staaten bei der Feldforschung mit Native Americans lernte, dass ihr Rechtssystem dem der neuen Herren in Deutschland überlegen war, trat in Deutschland ein weiterer Ethnologe nach: Walter Krickeberg, ebenso eifrig wie Mühlmann im Dienste des neuen Regimes, attackierte Lips scharf: Der sei einer der »charakterlosesten und hetzerischsten deutschen Emigranten«, behauptete Krickeberg. An seinen Anschuldigungen hielt er auch nach Kriegsende fest.

Dass im Nachkriegsdeutschland einer der führenden Ethnologen der NS-Zeit, Martin Heydrich, weiterhin das Rautenstrauch-Joest-Museum leitete, Ethnologen wie Mühlmann, Baumann oder Krickeberg an den Universitäten lehrten, mag ein Grund gewesen sein, dass Lips den Ruf auf eine Professur im ostdeutschen Leipzig annahm. Seiner Reputation im Westen hat das vermutlich nicht geholfen. Nach seinem Tod 1950 wurde das von ihm geleitete Universitätsinstitut in Leipzig umbenannt in Julius-Lips-Institut für Völkerkunde und Vergleichende Rechtssoziologie.

Erst 1983 erschien eine Übersetzung seines 1937 entstandenen Buches unter dem Titel »Der Weiße im Spiegel der Farbigen«. Doch der Übertragung fehlt das selbstreflexive Moment und damit der eigentliche, hintergründige Witz von Lips' Argumentation. Sein ursprüngliches Vorwort ist gestrichen und durch eines von Eva Lips ersetzt; sie bettet das Buch in den Kontext antikolonialer Befreiungskämpfe ein. Ihrem Mann wäre das mutmaßlich zu einfach gewesen.

2018 zeigte das Rautenstrauch-Joest-Museum die Ausstellung »Der Wilde schlägt zurück«. Die Gastkuratorin Anna Brus betonte: »Lips schrieb das erste antikoloniale und antirassistische Buch über die Kunst der ›anderen‹. Er machte den Blick von außen auf die Kultur der Kolonialherren zum Thema seiner Forschung, bei der der exotisierende Blick zurückgeworfen wird. Die Radikalität seines Ansatzes war vor dem zeitgenössischen Kontext frappierend.«

Aber sie äußerte auch Kritik: »Gleichzeitig ist sein Projekt ambivalent. Er selbst bleibt verstrickt in einer rassistischen Sprache und einer Position vermeintlicher Überlegenheit.« Es ist unbestreitbar: Lips, der Wilde, der zurückschlägt, spiegelt nicht nur seine Zeit – er hält der Gesellschaft bis heute einen Spiegel vor.

»Wir wollen nur Gerechtigkeit«

Die deutsche Kolonialvergangenheit prägt Namibia bis heute. Doch von einer Aufarbeitung ist das Land weit entfernt – ebenso wie Deutschland.

Von Leonie March

Warum hat die Großtante eine viel hellere Haut als der Rest der Verwandtschaft? Diese Frage trieb Ruben Rukambe Uazukuani um, als er noch ein kleiner Junge war. Aber er spürte, dass er sie lieber für sich behalten sollte. Gespräche mit Eltern oder Großeltern über die Familiengeschichte seien kaum möglich gewesen, erzählt der heute 47-Jährige. »Sie war mit zu viel Scham besetzt und einfach zu schmerzhaft.« Denn die Vergangenheit seiner Familie ist, wie bei vielen Menschen aus der namibischen Volksgruppe der Herero, untrennbar mit der deutschen Kolonialzeit im damaligen Deutsch-Südwestafrika verbunden, dem Vernichtungszug der kaiserlichen »Schutztruppen«: Vertreibung, Internierung, Vergewaltigung. »Meine Großtante konnte ja schlecht sagen: ›Meine Mutter wurde vergewaltigt, und dann wurde ich geboren.‹«

In der Schule sei dieses Kapitel ebenfalls ausgeklammert

worden, erinnert sich Uazukuani. Ab einem Alter von zehn Jahren habe er hier und da aufgeschnappt, worüber sich die Erwachsenen unterhielten, wenn sie von Herero-Versammlungen zurückkehrten. Aber wirklich offene Gespräche hätten erst nach der Unabhängigkeit Namibias 1990 begonnen. Das sei dem damaligen Paramount Chief, dem Oberhaupt aller Herero, Kuaima Riruako, zu verdanken. Riruako hatte 2006 einen wegweisenden Antrag zum »ersten Genozid in Afrika« und zu Entschädigungszahlungen im namibischen Parlament eingebracht, der einstimmig angenommen wurde. Es sind Forderungen, die auch Ruben Uazukuani vertritt, der selbst als Chief zu den traditionellen Oberhäuptern seiner Volksgruppe gehört.

Unter der Woche arbeitet er in der Personalabteilung des Verteidigungsministeriums, am Wochenende tauscht er Anzug gegen kurze Hosen und fährt raus auf das Land, das seine Familie bewirtschaftet. »Wir Herero sind Viehhirten und von Natur aus Farmer. Ich bin zwar Beamter, aber die Landwirtschaft ist mein Leben«, betont er. Die Fahrt führt Ende November durch Kleinstädte, in denen Frauen auch im Alltag stolz die Herero-Tracht mit den ausladenden Hüten tragen, vorbei am Waterberg, der mit seiner charakteristisch flachen Oberfläche aus der trockenen Buschlandschaft ragt. Historischer Boden, der an den blutigen Vernichtungszug Lothar von Trothas und seiner deutschen Soldaten gegen Herero und Nama ab 1904 erinnert.

Herero-Kämpfer wurden damals mitsamt ihrer Familie und ihrem Vieh getötet oder in die Omaheke-Wüste getrieben. Zehntausende starben, Vieh und Land wurden ihnen genommen.

»Es ist sehr schwer, Landwirt ohne Land zu sein«, meint

Uazukuani. Seine »Farm« in der Gegend um Okamatapati gehört nicht ihm, sie ist in kommunalem Besitz und wird von vier Familien bewirtschaftet. Das hemmt Investitionen und beeinträchtigt die Produktivität. Deutschstämmige Farmerinnen und Farmer in Namibia besitzen ihr Land dagegen teils seit Generationen. Einige Weiße hätten ihre Farmen im Rahmen der Landreform nach 1990 an die Regierung verkauft, erzählt Uazukuani, doch die verteile es überwiegend nach parteipolitischen Gesichtspunkten an linientreue Anhänger, und so gingen ehemals enteignete Herero und Nama oft leer aus.

Uazukuani kennt einige weiße Landwirte, die bis heute rund 70 Prozent des Farmlandes besitzen; man gehe freundlich miteinander um, aber von einem wirklichen Verhältnis könne man nicht sprechen. Das könne es nur geben, wenn auch die deutschstämmigen Namibier bereit wären, über den Genozid und die Folgen zu sprechen. Wenn sie ihnen ein Stück weit entgegenkämen oder sie bei den Entschädigungsverhandlungen mit Deutschland unterstützen würden. »Aber das passiert nicht. Sie sind stumm und bleiben unter sich.«

Nur einmal hätten sich Vertreter der Herero und der deutschstämmigen Farmerinnen und Farmer in seiner Region getroffen, eine Art Höflichkeitsbesuch. Dabei sei auch über die schwierige gemeinsame Geschichte gesprochen worden. »Sie haben versprochen, dass sie sich wieder melden. Aber darauf warten wir bis heute. Nicht einmal während der letzten harten Dürrejahre hat uns auch nur einer dieser Nachbarn Hilfe angeboten.« Über die Gründe kann Uazukuani nur spekulieren; vielleicht wollten die Landwirte es sich nicht mit der Regierung verscherzen. »Wir Herero werden immer noch als rebellische Gruppe wahrgenommen. Deshalb wollen sie vielleicht nicht mit uns assoziiert werden.«

Es gebe sehr unterschiedliche Haltungen innerhalb der weißen Minderheit, sagt die namibische Künstlerin Nicola Brandt. Etwa 6 Prozent der 2,54 Millionen Einwohner Namibias sind Weiße, ein Bruchteil davon Deutsch-Namibier beziehungsweise in Namibia lebende Deutsche. Die 37-jährige Brandt setzt sich seit Jahren mit der deutsch-namibischen Vergangenheit und deren Erbe auseinander, sie kennt die Stimmungen unter den Deutsch-Namibierinnen und -Namibiern.

Verbreitet sei eine gewisse Verlustangst; vor allem Farmer hätten Sorge, man könne ihnen ihr Land wegnehmen. Andere weiße Namibier lenkten von den historisch bedingten Ungerechtigkeiten ab, indem sie aktuelle Missstände in der namibischen Politik betonten. »Sie sagen dann: ›Warum kümmert ihr euch nicht zuerst um die Korruption, statt Entschädigung von Deutschland zu fordern?‹« Die meisten jedoch zögen sich komplett zurück und schwiegen zu öffentlichen, kontroversen Debatten sicherheitshalber, erläutert die 37-Jährige. »Es bleibt höchstens bei ein paar hitzigen Diskussionen innerhalb des Familien- oder Freundeskreises.«

Vor allem das Thema Land ist in Namibia emotional und politisch aufgeladen – und eng mit der Geschichte verknüpft. Viele deutschstämmige Namibier hielten an einem romantischen und komplett unpolitischen Bild fest, kritisiert Brandt. Das findet sich auch in verklärenden kolonialen Berichten: »Das Land, die weite Landschaft sind Teil der namibischen Psyche. Doch es kommt auf die Herkunft an, ob man darin Schönheit sieht oder Spuren der Gewalt.« Diesen Spuren und der Erinnerungskultur ihrer Heimat forscht die Künstlerin in ihren Fotoarbeiten nach und legt damit den Finger in die historische Wunde.

So fand Brandt heraus, dass ihre eigene Familie im Küstenort Swakopmund in unmittelbarer Nähe des ehemaligen Massengrabes eines Kriegsgefangenenlagers lebte. Dort ist auch ihre Fotografie »Next to the Graves« entstanden, die ein burgähnliches Haus in einer Wüstenlandschaft zeigt. Bei der Kunstmesse in Kapstadt im Februar 2018 erklärte Brandt die Hunderte Hügel, die erst bei genauerem Hinsehen zu erkennen sind. »Das sind die Gräber«, so die Künstlerin. »Als ich aufgewachsen bin, war dieser Ort nicht abgesperrt. Die Leute sind dort mit ihren Hunden spazieren gegangen, Kinder sind dort Rad gefahren. Erst in den letzten paar Jahren wurde dort ein Denkmal errichtet.«

So wie Uazukuani ist auch Brandt mit dem Schweigen der älteren Generationen aufgewachsen. Ihr Urgroßvater kam um 1910 aus Deutschland in die damalige Kolonie. Er habe im Bergbau gearbeitet, viel mehr sei jedoch nicht bekannt. »Ich war erleichtert, als ich herausfand, dass er erst nach dem Genozid hier eingetroffen war«, sagt sie heute. Mit ihrer Arbeit will sie das Schweigen über die koloniale Vergangenheit brechen, zum Dialog anregen, zur Aufarbeitung der Geschichte beitragen, von der sie selbst erst spät erfuhr. »Ich bin als einigermaßen privilegiertes weißes Mädchen in einer rein weißen Community groß geworden«, fasst sie nüchtern zusammen. Schuld verspürt sie nicht, aber eine Verantwortung.

Als sie 1983 in Windhoek geboren wurde, stand Namibia unter südafrikanischer Verwaltung. Der Alltag verlief nach den rassistischen Kategorien der Apartheid, Freiheitskämpfer lieferten sich mit der Armee blutige Kämpfe. Der »Schleier der Apartheid« habe die Auseinandersetzung mit der deutschen Kolonialvergangenheit lange verhindert, sagt Brandt. Die Rechtlosigkeit der Schwarzen in dieser Zeit setzte die kolonialen Strukturen von vorher fort. »Jene, die unterdrückt

Die namibische Künstlerin Vitjitua Ndjiharine verfremdet Bilder aus dem einstigen Deutsch-Südwestafrika. Sie stellt damit den kolonialen Blick infrage.

wurden, konnten ihre Geschichten nicht erzählen.« Sie selbst beschäftigte sich erst während ihres Kunstgeschichtestudiums intensiv mit dem Thema, seitdem lässt es sie nicht mehr los.

Ihre ersten Fotoarbeiten hängen beim Interview an der Wand hinter ihr. Sie zeigen das umstrittene Reiterdenkmal, das die Kolonialverwaltung 1912 zum Gedenken an die deutschen Opfer des Krieges gegen die Herero und Nama im Herzen Windhoeks errichtet hatte. Fast ein Jahrhundert lang blickte dieser Bronzereiter auf die Hauptstadt Namibias, in der auch Schwarzbrot, Bier nach deutschem Reinheitsgebot, Schlagermusik und zur Weihnachtzeit Stollen zum Alltag gehören. Heute hält an dieser Stelle eine Statue des Freiheitskämpfers und ersten Präsidenten Namibias, Sam Nujoma, die demokratische Verfassung seines Landes gen Himmel. Hinter ihm prunkt, goldbronzefarben schimmernd, das Unabhängigkeitsmuseum.

Der Reiter war 2009 zunächst an einen Standort ein paar Meter weiter umgesetzt worden, vor die Alte Feste, das ehemalige Hauptquartier der »Schutztruppe«, drei Jahre später zog er in deren Innenhof um.

Die Debatte um das Denkmal ist bezeichnend für den Umgang Namibias mit seiner Kolonialvergangenheit. Für Aktivisten war sein Umzug ein Erfolg, ein überfälliger Beginn des Dekolonisierungsprozesses. Ihre Stimmen sind seitdem wesentlich lauter geworden. Sie fordern, dass ähnliche Denkmäler entfernt werden, und sind auch die treibende Kraft hinter der Umbenennung kolonialer Straßennamen. Widerstand kam dagegen aus Teilen der deutschstämmigen Minderheit; ein Gastronom aus der Küstenstadt Swakopmund stellte in seinem Restaurant sogar eine Replik des Reiterdenkmals auf und löste damit eine weitere Kontroverse aus.

Überraschender als die Haltung ewig Gestriger war, dass auch einige Herero-Politiker den Reiter lieber auf seinem ursprünglichen Sockel gelassen hätten. Sie interpretierten ihn als Mahnmal gegen das Vergessen, als tägliche, unübersehbare Erinnerung an die Gräueltaten während der Kolonialzeit. Stattdessen würden nun die Heldenmythen des Unabhängigkeitskampfes und der Regierungspartei, der ehemals sozialistischen Swapo, zelebriert, kritisiert Ruben Uazukuani. »Es ist ein Problem, dass die Regierung nichts vom deutschen Völkermord an den Herero und Nama hören möchte. Stattdessen spricht sie von einem Genozid an den Namibiern. Aber was soll das gewesen sein?«

Er lässt die Frage kurz bedeutungsschwanger in der Luft hängen und gibt dann selbst die Antwort: Es sei schließlich dokumentiert, dass der Vernichtungsfeldzug nicht gleichermaßen gegen alle einheimischen Volksgruppen geführt worden sei. »Für uns als traditionelle Oberhäupter ist es wichtig, dass unsere Leute davon erfahren.« Denn selbst seine drei Kinder würden in der Schule nicht die gesamte Geschichte ihres Landes durchnehmen. Der Schwerpunkt liege auf den Jahren des Unabhängigkeitskampfes zwischen 1960 und 1990 sowie der Swapo. »Sie wollen nicht, dass unsere, ja selbst ihre eigenen Kinder vom Krieg 1904 erfahren, bei dem so viele Herero getötet wurden«, so sieht es Uazukuani.

Seiner Ansicht nach spiegelt sich diese Haltung auch in den seit 2015 andauernden Verhandlungen Namibias mit Deutschland über eine offizielle Entschuldigung für den Völkermord und Entschädigungszahlungen. 2020 war in Namibia von einem Angebot von zehn Millionen Euro die Rede, die deutsche Seite bestritt, eine so geringe Summe angeboten zu haben. Ein Ergebnis ist bisher nicht in Sicht.

Uazukuani hat grundsätzliche Kritik an dem Verfahren: Die Nachfahren der Opfer würden nicht ausreichend an den Gesprächen beteiligt. Zwar sitzt dem deutschen Unterhändler Ruprecht Polenz mit Zedekia Ngavirue ein Herero gegenüber, doch der sei nicht von seinem Volk, sondern vom Präsidenten für diese Rolle ausgewählt worden, so Uazukuani. Dass es auch innerhalb der Herero unterschiedliche Positionen gibt, macht die Sache nicht einfacher.

»Die Regierung wirft uns vor, dass wir nicht mit einer Stimme sprechen und es deshalb so lange mit einer Lösung dauert«, sagt Uazukuani mit einer gewissen Bitterkeit. »Aber wie können wir vereint sein, wenn so viele von uns manipuliert wurden, indem sie beispielsweise Farmen oder Regierungsposten erhalten haben?« Die Tatsache, dass nicht alle Herero und Nama mit einer Stimme sprächen, dürfe nicht als Entschuldigung für weitere Verzögerungen herhalten, betont Uazukuani.

Außerdem lebten einige der etwa 300 000 Herero gar nicht mehr in Namibia, sondern in Ländern, in die ihre Vorfahren vor den Deutschen geflüchtet seien. Auch sie müssten beteiligt werden. Wenn Deutschland etwas an Gerechtigkeit liege, dann sollte es Verantwortung übernehmen, sich bei »den richtigen Leuten« entschuldigen und Entschädigung zahlen, sagt Uazukuani. »Und sie sollten nicht für uns entscheiden. Wir nennen ihnen die Zahlen, wir beziffern, was wir verloren haben, und wir sagen, was wir erwarten, statt nur Empfänger ihrer Projekte zu sein.«

Uazukuani spielt auf die deutsche Entwicklungshilfe für das Land an und insbesondere auf eine »Sonderinitiative«: Sie wurde 2004 angesichts der, wie es von deutscher Seite heißt, »besonderen historischen und moralischen Verantwortung« Deutschlands für Namibia in Gang gesetzt. Insgesamt 20 Millionen Euro sollten in Infrastrukturprojekte in jenen Gebieten fließen, die besonders unter dem deutschen Kolonialismus gelitten hätten, wie es 2018 in einer Antwort der Bundesregierung auf eine Kleine Anfrage der Grünen hieß. Doch Uazukuani kritisiert die Umsetzung: »Das Geld kommt nicht allen zugute. Nur ein Bruchteil fließt in Gegenden, in denen Herero und Nama leben.«

Tatsächlich sind große Summen in den Norden geflossen, wo die Ovambo als bevölkerungsreichste und politisch einflussreichste ethnische Gruppe Namibias leben, viele von ihnen Swapo-Anhänger. Zudem würden Kleinbauern dort vom Staat unterstützt, während man in seiner Region nicht einmal einen Traktor erhalte, bemängelt Uazukuani. Überhaupt scheint sich sein Groll eher gegen die eigene Regierung als gegen die ehemalige Kolonialmacht zu richten.

»Ich hasse die Deutschen nicht«, sagt er, und seine gastfreundliche, offene Umgangsart unterstreicht diese Aussage. »Ich fordere auch nicht, dass Deutsche Namibia verlassen müssen. Wir wollen nur Gerechtigkeit.« Durch die traumatisch verbundene gemeinsame Geschichte sei man zu »Brüdern, Cousins, Neffen« geworden.

Wenn seine Kinder ihn heute fragen, warum auch ihre Großmutter mütterlicherseits eine hellere Haut hat, antwortet er: »Weil sie auch deutsche Vorfahren hat.« Ein Tabu ist das heute nicht mehr. Doch von Aufarbeitung ist die namibische Gesellschaft noch weit entfernt.

Sammlungsstücke in deutschen Museen, über deren Rückgabe wir dringend sprechen müssen

Raubgut aus anderen Kulturen. In kolonialer Zeit nutzten Europäer die Welt als Selbstbedienungsladen. Oft wissen Museen selbst nicht, wie ihre Sammlungsstücke herkamen – vieles bezeichnen Experten als Raubkunst, etwa die Benin-Bronzen im Humboldt Forum oder die Büste der Nofretete im Ägyptischen Museum in Berlin. Einige Museen untersuchen ihre Bestände inzwischen, zurückgegeben wurde aber bislang wenig.

Die Körper anderer Menschen. Es liegen Leichen im Keller deutscher Museen und Institute. Schädel, Knochen, Mumien. Sie gelangten – natürlich ohne Einwilligung – hierher, um vermessen zu werden, andere stellte man zum Grusel des Publikums aus. Geschähe das mit den Überresten deutscher Bürger, wäre es strafbar. In den ehemaligen Kolonien leben Menschen, die ihren Vorfahren gern die Totenruhe gäben.

Dinge, die einmalig kostbar sind. Wem gehört der Brachiosaurus, der in Berlin steht? Ausgegraben wurde er in Tansania, das seine Rückgabe wünscht. Dagegen spricht wenig: Das Gros der weltweit gezeigten Saurierskelette besteht aus kopierten Knochen – so wie das in Berlin auch jetzt schon, denn die meisten der Originalknochen werden im Keller aufbewahrt.

Dinge, die anderen wichtiger sind. Was Kolonialisten einst als Kuriosa sammelten, ist den Bestohlenen oft viel wert. Die Säule von Cape Cross markierte einst die Küste Namibias als »portugiesisch«, später annektierten Deutsche Land wie Säule. Für Namibia ist die Stele ein nationales Denkmal. 2019 ging sie zurück. Es dürfte aber noch mehr solcher Objekte geben.

KOMPENDIUM:
Deutsche Kolonien

[1] Die ersten Niederlassungen: Kleinstaaten und kommerzielle Projekte

Geografie: Den kolonialen Erfolgen der großen Seemächte nacheifernd, versuchten deutsche Handelshäuser und Fürsten, am »Dreieckshandel« zwischen Europa, Afrika und Amerika teilzuhaben – vorzugsweise mit Dependancen in Westafrika und in der Karibik. Sie nahmen dort, was zu kriegen war – meist kurze Küstenstreifen, Kontorhäfen oder winzige Inseln. So kam die Jakobsinsel gerade einmal auf bescheidene 3500 m^2 Fläche.

Geplatzte Pläne:

Hanauisch-Indien im Nordosten Südamerikas sollte ab 1669 mit über 100 000 Quadratkilometer Fläche respektable Größe erreichen. Als zu klein dafür erwies sich aber das Portemonnaie von Graf Friedrich Casimir von Hanau: 1672 gab er den Plan auf.

Die Allerkleinsten:

In der Stadt Ouidah (Benin) gehörten um 1700 nur einzelne Gebäude zu Brandenburg, eine Art »Nanokolonie« – neben anderen europäischen Mininiederlassungen dort.

Geschichte:

Deutschland war nicht nur als Kolonialmacht, sondern auch als Nationalstaat ein Spätstarter. Frühe koloniale Versuche gingen darum von Kaufleuten oder Fürsten deutscher Kleinstaaten aus, unter denen Österreich lange das größte Schwergewicht war:

Die Welser-Kolonie, 1528 bis 1556. Ein Teil Venezuelas war der Kaufmannsfamilie der Welser auf Zeit überschrieben worden, als Pfand für einen Kredit an Kaiser Karl V. Der war als Carlos I. auch König von

Spanien und damit der größte Kolonialherr der Zeit: Sein Vizekönigreich Neuspanien umfasste auch noch Mittelamerika und die Karibik.

Kurländische Gründungsversuche, 1651 bis 1680er-Jahre. Der Herzog Jakob Kettler von Kurland und Semgallen gründete eine Kolonie auf der Karibikinsel Tobago. »Neukurland« existierte trotz wiederholter niederländischer Eroberungen nominell sogar bis ins 18. Jahrhundert. Die »Jakobsinsel« im westafrikanischen Fluss Gambia war winzig, aber acht Jahre »kurländisch« – und eher ein bewaffneter Handelsposten als eine klassische Kolonie.

Die brandenburgisch-preußischen Kolonien, 1681 bis 1721. Vier nennenswerte Kolonialprojekte gab es: die Insel Arguin (Mauretanien, 1685 bis 1721), Teile der Insel St. Thomas (Karibik, Pacht 1685 bis 1693), die Krabbeninsel (Karibik, 1689 bis 1693) und vor allem Groß-Friedrichsburg (Küste von Ghana, 1683 bis 1717). Hauptzweck der afrikanisch-karibischen Gründungen war der Sklavenhandel.

Österreichische Kolonien, 1777 bis 1785. Unter Maria Theresia versuchte sich auch Österreich in Afrika (Delagoa-Bucht, heute Mosambik) und dem Indischen Ozean (Nikobaren-Inseln, heute Indien). Nach ihrem Tod wurden die Projekte jedoch schnell beendet.

Askania Nova, 1828 bis 1856. Zum Zweck der Schafzucht gegründete Kolonie des Herzogtums Anhalt-Köthen in der heutigen Südukraine. Mit rund 600 Quadratkilometer Fläche war sie ein relativ großes Kolonialprojekt, sonst aber eher nicht – als Kolonisten entsandte Herzog Ferdinand zuerst nur rund 20 Siedler. Nach Verkauf der Kolonie blieben viele in Russland.

[2] Togo: Am Golf von Guinea

Daten: Kolonie von 1884 bis 1914

Fläche: 87 200 km²

Einwohner: etwa eine Million, Deutsche: 438 (1914)

Geografie: Umfasste die heutige Republik Togo und den östlichen Teil Ghanas.

Vorher: Das dicht besiedelte Gebiet bestand aus verschiedenen Kleinstaaten, von Königen und religiösen Oberhäuptern geführt. Für Sklavenhändler war die Region seit dem 16. Jahrhundert zentral: Von der »Sklavenküste« verschleppten sie unzählige Menschen auf karibische Plantagen.

Ausgeführte Produkte: Vor allem Palmfrüchte, Palmöl, Baumwolle, Kautschuk, später Mais.

Heute: Im Ersten Weltkrieg übernahmen Frankreich und England das Land unter Völkerbundsmandat, 1945 wurde es UNO-Treuhandgebiet. Seit 1960 ist das Land unabhängig.

Geschichte:

Die Gründung der Kolonie Togoland erfolgte im September 1884 durch einen »Schutzvertrag« mit dem König von Porto Seguro, heute Agbodrafo. Durch Eroberungen und Vereinbarungen mit Frankreich und Großbritannien erweiterten die Deutschen ihr Kolonialgebiet. Widerstand unterdrückten sie mit einer Truppe aus 550 einheimischen Polizisten. Die Deutschen bauten drei Eisenbahnlinien von 320 Kilometer Gesamtlänge, errichteten Schulen und ein Krankenhaus für Weiße.

Die Bevölkerung der Kolonie wurde rechtlich unterteilt nach Hautfarbe in »Europäer« und »Schwarze«. Einheimische hatten keine staatsbürgerlichen Rechte. Wer nicht zwei deutsche Elternteile hatte, erhielt keine deutsche Staatsbürgerschaft. So erging es auch Nicolas Grunitzky, Sohn eines deutschen Kaufmanns und einer Mutter aus Togo, der von 1963 bis 1967 an der Spitze der Regierung stand.

Der in Togo tätige Kolonialarzt Ludwig Külz brachte die Privilegien der Weißen 1903 auf die Formel: »Es lässt sich keine größere Freiheit für den Europäer denken als die afrikanische.«

Erst 1902 wurde die Haussklaverei abgeschafft. Und erst von 1906 an wurde in den Schulen außer dem Deutschen auch eine Landessprache unterrichtet.

Widerstand:

Einheimische wehrten sich gegen die Besatzung des Hinterlands durch Deutsche. Den »Towe-Aufstand« im März 1885 schlug die deutsche Kolonialmacht mithilfe einer Söldnertruppe aus Togoern brutal nieder.

Schlüsselfiguren:

Gustav Nachtigal (1834 bis 1885) Militärarzt, Afrikaforscher und Kolonialkommissar. Errichtete 1884 als »Reichskommissar« die deutsche »Schutzherrschaft« über das Gebiet von »Togoland«. Starb an Tuberkulose an Bord eines deutschen Kanonenboots.

Adolf Friedrich zu Mecklenburg (1873 bis 1969) Von 1912 an der letzte Gouverneur der deutschen Kolonie Togo. Er hatte zahlreiche Kinder mit einheimischen Frauen. Doch ihnen wie anderen Kindern einheimischer Frauen und deutscher Männer verbot er das Führen des väterlichen Namens. Bundespräsident Theodor Heuss verlieh ihm 1953 das Große Verdienstkreuz der Bundesrepublik Deutschland.

[3] Deutsch-Südwestafrika: Namibia

Daten: Kolonie von 1884 bis 1915

Fläche: circa 835 100 km²

Einwohner: circa 200 000, Deutsche: rund 12 000 (1914)

Geografie: Fast deckungsgleich mit dem heutigen Namibia.

Vorher: Das Land war sehr dünn von nomadischen Völkern besiedelt. Größte Volksgruppe waren mit etwa 80 000 Menschen die Rinder züchtenden Herero. Portugiesische Seefahrer kannten die Küste seit dem 15. Jahrhundert, aber erst die Briten siedelten dauerhaft in Walvis Bay.

Ausgeführte Produkte: Diamanten, Kupfer- und Eisenerze, Marmor, Straußenfedern, Robbenfelle

Heute: Die Kolonie wurde im Ersten Weltkrieg von Südafrika besetzt, das ab 1920 Mandatsmacht wurde. Unabhängig wurde die Republik Namibia erst am 21. März 1990.

Geschichte:

Deutschlands Kolonie im heutigen Namibia begann mit Trickbetrug: 1883 kaufte ein Vertreter des Bremer Tabakhändlers Adolf Lüderitz einem Oberhaupt des Volkes der Nama eine Bucht ab. Die Größe des Gebiets war im Vertrag bewusst unpräzise in Meilen angegeben: Die Nama gingen von englischen Meilen aus, die Deutschen bestanden auf der fast fünfmal so langen deutschen Meile. So war das Vertrauen schnell dahin. Bald mussten Kriegsschiffe die 1884 zum »Schutzgebiet« erhobene Kolonie sichern.

Nicht nur der Name Lüderitzbucht erinnert heute noch an die deutsche Vergangenheit. In Namibia findet man Schwarzwälder Kirschtorte, deutsche Radiosender und Gartenzwerge. Abseits dieser Folklore steht die Geschichte von Deutsch-Südwestafrika aber vor allem für Gewaltexzesse.

Den Widerstand der Herero 1904 schlugen die Deutschen brachial nieder. Zehntausende starben, viele davon später auch in damals schon so bezeichneten Konzentrationslagern. Erst 2004 erkannte die Bundesregierung das als Völkermord an, versucht aber, Entschädigungszahlungen zu vermeiden. Politisch brachte die Kolonie viel Ärger, wirtschaftlich war sie unrentabel. Nur einige Glücksritter wurden reich: 1908 fand der Bahnbeamte August Stauch Diamanten in der Wüste.

Widerstand:

Die Herero wurden durch die Landkäufe der Deutschen zunehmend zurückgedrängt. Sie erhoben sich im Januar 1904, als sie 123 Siedler, Soldaten und Händler töteten. Auf die brutale Niederschlagung ihres Protests folgte die Revolte der Nama, rassistisch »Hottentotten« genannt. Sie führten einen Guerillakrieg, der bis 1907 dauerte.

Schlüsselfiguren:

Lothar von Trotha (1848 bis 1920) wurde der Generalleutnant durch seinen Vernichtungsbefehl von 1904: »Innerhalb der Deutschen Grenze wird jeder Herero mit oder ohne Gewehr, mit oder ohne Vieh erschossen.«

Hendrik Witbooi (um 1830 bis 1905) Der Nama-Führer war einer der erbittertsten Gegner der Deutschen. Er starb 1905 an den Folgen einer Schussverletzung. Seine Tagebücher sind UNESCO-Weltdokumentenerbe.

[4] Kamerun: Zentralafrika

Daten: Kolonie von 1884 bis 1919

Fläche: circa 495 000 km², von 1911 an: 790 000 km²

Einwohner: circa 2,6 Mio., von 1911 an insgesamt 3,1 Mio. Deutsche: 1643 (1913)

Geografie: Umfasste das heutige Kamerun, den östlichen Rand Nigerias, Teile von Gabun, der Republik Kongo, der Zentralafrikanischen Republik und der Republik Tschad.

Vorher: Die wichtigste Rolle spielte die Volksgruppe der Douala, seit dem 16. Jahrhundert führend im Handel mit Europa.

Ausgeführte Produkte: Elfenbein, Palmkerne und -öl, Kakao, Kautschuk, Bananen u. a.

Heute: 1919 kam das Land unter Verwaltung Englands und Frankreichs. 1960 wurde der französische Teil unabhängig, mit ihm bildete 1961 ein Teil des britischen Gebiets die Föderative Republik Kamerun.

Geschichte:

Seit 1868 unterhielt das Hamburger Handelshaus C. Woermann eine Niederlassung an der Küste Kameruns.

Im Frühjahr 1884 erhielt Gustav Nachtigal die Order, die im Küstenstreifen zwischen Nigerdelta und Gabun ansässigen Deutschen »unter deutschen Schutz« zu stellen. Bereits am 2. Juli hatte Nachtigal die Verhandlungsführer der ansässigen Douala überzeugt, »Schutzverträge« zu unterschreiben. Hatte zuvor die einheimische Bevölkerung mit den westlichen Firmen Handel getrieben, lag die Handelsmacht nun bei den Deutschen. Um die Jahrhundertwende führten diese die Plantagenwirtschaft ein. Land und Arbeitskräfte sicherten sich die Deutschen mittels »Strafexpeditionen« gegen Bevölkerungsgruppen, die sich der Landnahme verweigerten. Das brutale Vorgehen erreichte die deutsche Öffentlichkeit und beschäftigte auch den Reichstag.

Mit dem Marokko-Kongo-Vertrag von 1911 vergrößerte sich die Kolonie erheblich: Frankreich trat einen Teil Zentralafrikas ab, das sogenannte Neukamerun. Doch nach Ausbruch des Ersten Weltkriegs konnte sich die deutsche »Schutztruppe« nicht mehr halten. In einem Geheimvertrag beschlossen Frankreich und Großbritannien 1916 die Aufteilung Kameruns, das Deutschland mit dem Versailler Vertrag offiziell verlor.

Widerstand:

Gleich nach Abschluss des »Schutzvertrags« mit den wichtigsten Führern der Douala, unter anderem dem deutschfreundlichen König Bell, erhoben sich Teile des Volkes 1884 gegen die Kolonialverwaltung. Diese spielte im Folgenden Herrscher gegeneinander aus: Das Königreich Bafut wehrte sich 1891 bis 1907 in Kriegen gegen von Deutschen unterstützte Regenten. 1893 rebellierten Polizeisoldaten der Dahomey, nachdem ihre Frauen wegen angeblicher Faulheit geprügelt worden waren.

Schlüsselfiguren:

Gustav Nachtigal (1834 bis 1885) Gebürtiger Altmärker, Arzt und Afrikareisender. Stellte im Auftrag von Reichskanzler Otto von Bismarck 1884 Togo und Kamerun unter deutschen Schutz.

Jesko von Puttkamer (1855 bis 1917) Pommerscher Adel, Gouverneur von Kamerun und Kaiserlicher Kommissar von Togo. Verlagerte den Schwerpunkt vom Handel mit Naturprodukten auf ausgeprägte Plantagenwirtschaft.

[5] Deutsch-Ostafrika: Tansania, Ruanda, Burundi, Mosambik

Daten: Kolonie von 1885 bis 1918

Fläche: rund 995 000 km²

Einwohner: etwa 7,5 Millionen, davon maximal 4107 Deutsche (1913)

Geografie: Umfasste zuletzt die heutigen Staatsgebiete von Burundi und Ruanda, Tansania mit Ausnahme von Sansibar sowie einen kleinen Teil von Mosambik.

Vorher: Zahlreiche von Regionalfürsten beherrschte Gebiete. Wichtigster war der Sultan von Sansibar, der auch den Sklavenhandel weitgehend kontrollierte. Er verlor die meisten Festlandbesitztümer an Deutschland.

Ausgeführte Produkte: Baumwolle, Kautschuk, Kaffee, Hanf, Sisal, Bananen, Tabak, Palmöl u. a.

Heute: Tansania ist seit 1961 von Großbritannien unabhängig, Burundi und Ruanda seit 1962 von Belgien, Mosambik seit 1975 von Portugal.

Geschichte:

Carl Peters, Mitbegründer der »Deutsch-Ostafrikanischen Gesellschaft« (DOAG) brachte 1884 regionale Machthaber dazu, sich durch Kreuze unter sogenannten »Schutzbriefen« deutscher Herrschaft zu unterstellen. Wilhelm I. bestätigte diese 1885, nachdem Peters gedroht hatte, seine »Protektorate« anderenfalls an den belgischen König zu geben. Peters' DOAG regierte das Gebiet, bis es 1888 zum »Araberaufstand« gegen die erzwungene deutsche »Verwaltung« der nominell noch zu Sansibar gehörenden Küstengebiete kam. Der Kaiser entsandte 89 deutsche Soldaten, die mit wenig mehr als 1000 in Afrika rekrutierten Söldnern den Aufstand blutig niederschlugen. 1890 hatte die DOAG ausgedient, die Kolonie wurde offiziell Teil des Reiches.

Deutschland ersetzte die Sklaverei in der Kolonie durch ein System der Zwangsarbeit. Finanziell blieb die Kolonie ein Zuschussgeschäft. Im Ersten Weltkrieg wurde sie zum Angriffsziel. Weil die Nachricht vom Kriegsende am 11. November 1918 verspätet eintraf, streckte die deutsche »Schutztruppe« ihre Waffen erst am 25. November. Für ihre Rückführung nach Europa musste man sie aus dem britisch verwalteten Rhodesien abholen, das sie zuletzt attackiert hatte.

Widerstand:

Der »Maji-Maji-Aufstand« richtete sich 1905 gegen die Zwangsarbeit – ein Krieg mit Speeren gegen Maschinengewehre. Auf deutscher Seite starben 15 Europäer und rund 390 Söldner. Auf der Gegenseite verloren bis zu 300 000 Afrikaner ihr Leben – die meisten durch Hungersnöte, weil die Deutschen systematisch Land verbrannten.

Schlüsselfiguren:

Carl Peters (1856 bis 1918) Publizist, Koloniallobbyist und Rassist. Ertrickste ohne offiziellen Auftrag eine deutsche Kolonie in Afrika, die er als »erster Executivbeamter« bis 1888 auch regierte. 1891 wurde Peters kurz »Reichskommissar«, doch schon 1892 abgesetzt und 1897 schließlich unehrenhaft entlassen.

Hermann von Wissmann (1853 bis 1905) Reichskommissar und Befehlshaber der ersten deutschen Kolonialtruppe 1889 bis 1891, 1895 bis 1896 Gouverneur von Deutsch-Ostafrika. Galt als erfahren, aber militärisch grausam.

[6] Deutsch-Neuguinea: Pazifik

Daten: Kolonie von 1884 bis 1914 (Reichshoheit ab 1899)

Fläche: circa 240 000 km²

Einwohner: 500 000 (Schätzung), Deutsche: 772 (1912)

Geografie: Umfasste den Nordostteil der Insel Neuguinea, den Bismarck-Archipel und Inselgruppen im Norden und Osten.

Vorher: Die dünn besiedelten Inseln wurden seit dem 16. Jahrhundert u. a. von Portugiesen bereist. Den Westteil Neuguineas beanspruchten seit 1828 die Niederländer.

Ausgeführte Produkte: Tabak, Phosphat, Kopra, Kautschuk, Paradiesvögel, Perlmutt u. a.

Heute: Das ehemalige Kolonialgebiet gehört heute zu sechs unabhängigen Staaten: Papua-Neuguinea, Mikronesien, Palau, Marshallinseln, Nauru und Salomonen. Die nördlichen Marianen sind ein Außengebiet der USA.

Geschichte:

In Konkurrenz zur britischen Landnahme im Pazifikraum warben deutsche Finanziers in Berlin seit 1880 dafür, dass das Reich »Schutzgebiete« im fast unerschlossenen Nordost-Neuguinea errichten sollte. Sie erreichten, dass ihr privatwirtschaftliches Konsortium von der Kaiserlichen Marine unterstützt wurde. Nachdem sowohl auf Neuguinea wie auf mehreren Inseln Reichsflaggen gehisst worden waren, einigte man sich bis 1886 mit Großbritannien über die Gebietsansprüche.

Als der hoheitlich agierenden deutschen »Neuguinea-Kompagnie« 1898 die Insolvenz drohte, übernahm das Reich offiziell die »Schutzgebiete«. 1899 erwarb es von Spanien zudem die Karolinen, Palau und die nördlichen Marianen.

Nennenswerte Wirtschaftsleistung entwickelte die Region nicht.

Trotz eigener Briefmarkenaufdrucke, Gerichtsbarkeit und anderer Hoheitsmerkmale blieben auch in Berlin viele skeptisch gegenüber »Neumecklenburg«, »Neulauenburg« und den zahllosen weit verstreuten Inseln am anderen Ende der Welt.

Als im September 1914 australische Soldaten die Verwaltungshauptstadt Rabaul auf Neupommern (heute Neubritannien, Papua-Neuguinea) einnahmen, war die deutsche Kolonialherrschaft dort faktisch vorbei. Der Hauptmann Hermann Detzner hielt sich mit wenigen Getreuen im Inselinneren; er kapitulierte nach Kriegsende im November 1918.

Widerstand:

1910 rebellierten auf der Karolinen-Insel Dschokadsch Arbeiter vom Volk der Sokeh. Trotz Alarmierung des Ostasien-Geschwaders der Marine dauerte es vier Monate, bis der Aufstand blutig niedergeschlagen war. Die Grabstelle der zur Strafe erschossenen 15 Sokehs ist heute ein Nationaldenkmal von Mikronesien.

Schlüsselfiguren:

Adolph von Hansemann (1827 bis 1903) Bankier und Unternehmer. Das von ihm 1882 gegründete »Neuguinea-Konsortium« (1885 »Kompagnie«) stand am Anfang der deutschen Kolonialisierung.

Otto Finsch (1839 bis 1917) Der Vogelkundler »erwarb« 1884 die ersten Küstenregionen für das Neuguinea-Konsortium. Nach ihm heißt ein Ort am Ostende der Huon-Halbinsel bis heute Finschhafen.

[7] Deutsch-Samoa: Polynesien

Daten: Kolonie von 1900 bis 1914, anschließend bis 1919 unter neuseeländischer Militärverwaltung
Fläche: circa 2570 km²
Einwohner: circa 38000, Deutsche: circa 330 (1913)
Geografie: Umfasste die Inseln Upolu, Savai'i, Apolima und Manono, das Gebiet des heutigen Staates Samoa.
Vorher: Ab 1830 von Briten christianisiert; Amerikaner und Briten unterhielten Konsulate.
Ausgeführte Produkte: Kopra (für die Kokosölproduktion) und Kakao, aber auch Kaffee und Bananen
Heute: 1920 wurde Samoa per Völkerbundmandat Neuseeland unterstellt. 1962 wurde die ehemalige deutsche Kolonie als erstes Land Polynesiens unabhängig. 1997 änderte der Staat seinen Namen von Westsamoa zu Samoa.

Geschichte:

Ab Mitte des 19. Jahrhunderts errichteten vor allem Hamburger Kaufleute Stützpunkte auf Samoa. In den Jahrzehnten darauf stritten sich Deutschland, Großbritannien und die Vereinigten Staaten um Samoa. Lokale Machtgruppen wurden immer wieder von einzelnen der drei Staaten unterstützt, was 1887 bis 1889 und 1893/94 zu bürgerkriegsähnlichen Konflikten führte. Anfang 1899 kam es zu einem kurzen Krieg zwischen Deutschland auf der einen und Großbritannien und den USA auf der anderen Seite.

Mit dem Samoa-Vertrag vom 14. November 1899 wurde der Konflikt beendet. Großbritannien zog sich aufgrund seiner Verwicklung in den Zweiten Burenkrieg im Süden von Afrika aus Samoa zurück. Ostsamoa wurde US-Außengebiet, was es bis heute ist, und Westsamoa fiel an das Deutsche Reich.

Die wirtschaftliche Entwicklung der Kolonie war positiv, von 1908 an konnte das Gebiet sein Budget selbst finanzieren und benötigte keine Hilfszahlungen mehr. Insgesamt war die Wareneinfuhr aus Deutsch-Samoa für das Deutsche Reich jedoch völlig unbedeutend.

Mit Beginn des Ersten Weltkriegs endete die deutsche Herrschaft innerhalb weniger Wochen. Die neuseeländische Marine brachte mehrere Kriegsschiffe nach Deutsch-Samoa, die Soldaten besetzten die Kolonie kampflos.

Widerstand:

1908/09 kam es zur »Mau a Pule«-Bewegung, bei der sich ein Teil der indigenen Familien gegen die Deutschen und die von ihnen eingesetzten höchsten einheimischen Würdenträger erhoben. Die Deutschen beorderten drei Kriegsschiffe nach Samoa, einige Aufständische wurden deportiert. Der Aufstand ist heute bedeutend für das samoanische Nationalverständnis.

Schlüsselfiguren:

Wilhelm Solf (1862 bis 1936) Der aus Berlin stammende Diplomat war von 1900 bis 1911 Gouverneur. Er wollte die indigenen Einwohner, soweit es ging, vor fremden kulturellen Einflüssen schützen.

Mataafa Josefo (1832 bis 1912) »Alii Sili« (»Hoher Herr«), Vertreter der indigenen Bevölkerung von 1900 bis 1912, der mit einer Honoratiorenversammlung an seiner Seite regierte. Vom Deutschen Reich erhielt er 3000 Mark Gehalt pro Jahr.

[8] Hankou und Tientsin: Exklaven in China

Daten: Konzessionsgebiete von 1895 bis März 1917

Flächen: 1,54 und 0,46 km^2

Einwohner: Tientsin 750 000 (1908), Deutsche: 300; Hankou 850 000 (1908), Deutsche: bis zu 180

Geografie: Tientsin (heute Tianjin) liegt 124 km südöstlich von Peking, 34 km flussaufwärts am Paiho. Hankou war und ist der wichtigste Binnenhafen Chinas am Zusammenfluss von Han und Jangtse.

Vorher: Die Gebiete gehörten zum Chinesischen Reich.

Ausgeführte Produkte: Vor allem Tee, Seide, Tierhäute, Arzneien. Einfuhr von Baumwoll- und Wollwaren, Metallwaren, Waffen, Petroleum, Zucker u. a.

Heute: Die Städte fielen zurück an China. Der Großraum Tianjin hat heute knapp 16 Mio. Einwohner, Hankou ist heute Teil der Metropole Wuhan (11 Mio. Einwohner).

Geschichte:

Wie die übrigen Kolonialnationen drängte das Deutsche Kaiserreich unter Wilhelm II. in China auf eigene Handelsstützpunkte mit exterritorialem Status. Gemeinsam war den Niederlassungen ihre Lage am Fluss, getrennt von der chinesischen Stadt, eigene Schule, Krankenhaus, Gefängnis und Kaserne, ebenso eine Filiale der Deutsch-Asiatischen Bank.

Tientsin, Zugangsknotenpunkt zum nördlichen China, war seit 1860 für den ausländischen Handel geöffnet; die Europäer wohnten in eigenen Stadtteilen mit Warenlagern und Wohnhäusern. 1912 zählte man 63 deutsche Firmen. Es wurde etwa dreimal so viel ein- wie ausgeführt; die Bewohner konnten sogar eine deutsche Tageszeitung lesen.

In Hankou, einem Handelszentrum für ganz China, war seit 1858 ausländischer Verkehr zugelassen; seit 1899 wurde das deutsche Ufergebiet (zwischen der französischen und der japanischen Konzession) um bis zu fünf Meter aufgeschüttet und ein rechtwinkliges Straßenraster angelegt. 1900 richtete der Norddeutsche Lloyd eine regelmäßige Schiffsverbindung von Schanghai bis nach Hankou ein (936 Kilometer). 1901 waren 10 deutsche Firmen mit 87 Bewohnern in der Konzessionszone ansässig, 1912 schon 17 Firmen. Seit 1906 gab es eine Eisenbahnverbindung nach Peking. Mitgründer der englischsprachigen Zeitung »The Hankow Daily News« war der Deutsche Otto Marx.

Während der chinesischen Revolution 1911 wurden beide Stützpunkte durch mehrere deutsche Kriegsschiffe gesichert, ohne dass es zu Gefechten kam.

Widerstand:

Im Juni 1900 wurde die exterritoriale Niederlassung von Tientsin im Boxeraufstand heftig attackiert, es gab Tote. Schnell aber brach die vom Kaiserhof unterstützte Rebellion zusammen, die sich gegen acht Kolonialmächte gerichtet hatte. 1911 griffen Chinesen in Hankou die Briten an, die Deutschen blieben jedoch außen vor.

Schlüsselfigur:

Alfred Graf von Waldersee (1832 bis 1904) Der preußische Generalfeldmarschall schlug als Oberkommandierender sämtlicher internationaler Truppen 1901 den Boxeraufstand endgültig nieder.

[9] Kiautschou: China

Daten: »Pachtgebiet« von 1898 bis 1914

Fläche: 552 km²

Einwohner: circa 190 000, Deutsche: circa 4250 (1913)

Geografie: Die Kolonie umfasste eine Fläche etwa von der Größe des Bodensees um die Hafenstadt Tsingtau (heute Qingdao), auch zwei Halbinseln beiderseits der Bucht gehörten dazu.

Vorher: Das Gebiet gehörte zum Reich der im Niedergang befindlichen Qing-Dynastie, die nach dem verlorenen Chinesisch-Japanischen Krieg 1894/95 extrem geschwächt war. China konnte sich gegen die Ansprüche imperialistischer Mächte nicht mehr wehren.

Ausgeführte Produkte: Kohle, Seide, Baumwollprodukte, Seife, Sodawasser und Bier

Heute: Seit 1922 gehört das Gebiet wieder zu China.

Geschichte:

1897 besetzte die deutsche Marine die Bucht von Kiatuschou im Süden der Shandong-Halbinsel an der chinesischen Ostküste (heute Jiaozhou). Im März 1898 zwang das Deutsche Reich China zur Unterzeichnung eines Pachtvertrags über einen Flottenstützpunkt. Das Pachtgebiet wurde im April 1898 als »Schutzgebiet« deklariert, es unterstand anders als andere Kolonien nicht dem Auswärtigen Amt, sondern dem Reichsmarineamt.

Als »Musterkolonie« hatte das Gebiet eine Vorzeigefunktion und sollte die deutsche Kolonialpolitik attraktiv erscheinen lassen. Die Deutschen errichteten ein Elektrizitätswerk, eine Post, 26 Grundschulen, vier Berufsschulen und eine Hochschule.

Doch öffentliche Bekundungen, man wolle ein »deutsches Hongkong« schaffen, waren unrealistisch. Kiautschou war für das Deutsche Reich ein Zuschussprojekt. Dennoch profitierten deutsche Unternehmer.

Eine gleichberechtigte Zusammenarbeit mit den Chinesen war allerdings nicht vorgesehen. Für Europäer galt deutsches Recht, für die Einheimischen eine diskriminierende »Chinesenordnung«.

Das »Europäerviertel« in der Stadt Tsingtau war von den chinesischen Wohngebieten abgegrenzt.

Zu Beginn des Ersten Weltkrieges blockierten britische und japanische Kriegsschiffe den deutschen Stützpunkt. Am 7. November 1914 kapitulierten die Deutschen, das Gebiet wurde von den Japanern besetzt, die es bis 1922 verwalteten.

Widerstand:

Im sogenannten Boxeraufstand der patriotischen Bewegung Yihetuan (Verband für Gerechtigkeit und Harmonie) zeigten Tausende von Chinesen bewaffneten Widerstand gegen die Unterwerfung und Besetzung ihres Landes.

Schlüsselfiguren:

Oskar von Truppel (1854 bis 1931) Von 1901 bis 1911 Gouverneur von Kiautschou, ab 1907 Vizeadmiral. Förderte die Industrie und den Bau von Gebäuden, galt aber auch als eitel und verschwenderisch.

Alfred Meyer-Waldeck (1864 bis 1928) Seit 1911 Gouverneur von Kiautschou, zuvor seit 1903 Korvettenkapitän. Er telegrafierte bei Beginn des Ersten Weltkriegs an Kaiser Wilhelm II.: »Einstehe für Pflichterfüllung bis zum Äußersten.«

CHRONIK: Deutscher Kolonialismus

Heiliges Römisches Reich

1528 Kaiser Karl V. überlässt den Welser-Kaufleuten einen Handelsstützpunkt in Venezuela – die **»Welser-Kolonie«** besteht bis 1556.

1609 Die Jesuiten gründen in **Südamerika** Ortschaften, um dort Einheimische zu missionieren. Es ist ein christlich motivierter Kolonialisierungsversuch, an dem auch Deutsche beteiligt sind.

1669 Der Graf von Hanau träumt von **»Hanauisch-Indien«**, das er an der Ostküste Südamerikas gründen will. Der Plan gedeiht weit, die Umsetzung nicht.

1682 Die »Brandenburgisch-Afrikanische Compagnie« handelt mit Kolonialwaren und Sklaven. Sie unterhält Kontore in der Karibik und Westafrika, darunter bis 1717 die Festungen von **»Groß-Friedrichsburg«** (heute Ghana).

1706 Die erste protestantische Missionsgesellschaft nimmt ihre Arbeit auf: Bis 1845 entsendet die **Dänisch-Englisch-Hallesche Mission** auch deutsche Missionare nach Südostindien.

1784 Der aus Böhmen stammende Jesuit **Martin Dobritzhoffer** unternimmt in Paraguay ethnografische Studien. Viele Missionswerke liefern fortan Informationen, die Kolonialisten als rassistische Rechtfertigungen nutzen werden.

1828 Im Süden der heutigen Ukraine entsteht **»Askania Nova«**, eine Kolonie des Herzogtums Anhalt-Köthen. Sie wird 1856 verkauft. In Mettmann wird die **Rheinische Missionsgesellschaft** gegründet: Sie will Afrika protestantisch-christlich missionieren und unterstützt auch koloniale Ziele.

1842 Die **»Deutsche Colonisations-Gesellschaft«** verhandelt über eine »Antipoden-Kolonie« auf den Chatham-Inseln im Südpazifik. Queen Victoria legt ihr Veto ein, der Handel platzt. Der **»Mainzer Adelsverein«** verschickt Deutsche nach Texas. Rund 7400 werden dorthin verschifft, knapp die Hälfte stirbt an Hunger und Seuchen, das Projekt scheitert.

1843 Die **Norddeutsche Mission** nimmt in Westafrika die Arbeit auf, in Ostafrika die Missionare der **Evangelisch-Lutherischen Mission** aus Dresden.

1847 Der Offizier Hugo von Oelsnitz legt dem Landtag von Preußen die **»Denkschrift über die Erhebung Preußens zu einer See-, Kolonial- und Weltmacht ersten Ranges«** vor.

1849 Die nie realisierte Verfassung der **Frankfurter Nationalversammlung** schreibt das Recht auf Kolonien fest.

1849 Dem Hamburger Colonisations-Verein gelingt bis 1880 die Ansiedlung von **18000 Auswanderern in Brasilien**. Die beabsichtigte Gründung einer Kolonie misslingt jedoch.

1856 Bremer und Hamburger Handelshäuser errichten mehrere **Niederlassungen in Togo und Kamerun** – die Keimzellen der späteren Kolonien.

Deutsches Kaiserreich

1871 Das neu gegründete **Deutsche Kaiserreich** verankert in der Verfassung die Möglichkeit zu überseeischen Erwerbungen.

1878 Weitere Kolonialvereine entstehen in Berlin (1878), Leipzig (1879) und München (1882); der **Lobby-Druck** auf den Staat wächst. Handelshäuser eröffnen weitere Niederlassungen in Kamerun und Togo. Deutsche Soldaten okkupieren Ortschaften auf **Samoa**: Die sich anschließenden **»Freundschaftsverträge«** leiten die Kolonialisierung ein. Auf Neuguinea werden Häfen angekauft.

1884 Die deutsche Marine unterstützt Händler bei Streitigkeiten in Togo, indem sie Geiseln nimmt und entführt. Ähnlich robust verleiht Reichskommissar **Gustav Nachtigal** im Juli dem Wunsch nach einem »Schutzvertrag« Nachdruck. Das Deutsche Reich entsendet sechs Kriegsschiffe und rund 1300 Marinesoldaten zum Schutz der westafrikanischen Gebiete.

1884 Die **Wahl in Deutschland** entscheidet sich unter anderem am Thema Kolonialpolitik: Ihr Ausgang ist ein Votum für den Kolonialismus. In Berlin beteiligen sich ab November 14 Staaten an der **Afrika-Konferenz**. Deutsch-Südwestafrika, Togoland und Kamerun werden unter »Reichsschutz« gestellt.

1885 Im Februar endet die **Kongo-Konferenz** in Berlin mit der Aufteilung des afrikanischen Kontinents in europäische Einflusszonen; der Kaiser bestätigt per »Schutzbrief« die dort von Carl Peters, Gründer der Deutsch-Ostafrikanischen Gesellschaft (DOAG), geschlossenen Verträge. Auf den **Marshallinseln** wird die deutsche Flagge gehisst, **»Deutsch-Neuguinea«** erhält einen »Schutzbrief«.

1886 Mehrere **Salomoninseln** werden übernommen.

1887 Gründung der »Deutschen Kolonialgesellschaft« (DKG).

1888 In Deutsch-Ostafrika kommt es zum **»Araberaufstand«**, er wird blutig niedergeschlagen. Die DOAG wird 1891 entmachtet, die Kolonie wird direkt vom Reich regiert.

1890 Einrichtung der Kolonialabteilung im Auswärtigen Amt.

1891 Erneute **Aufstände in Deutsch-Ostafrika**. Aushebung einer lokalen »Schutztruppe« unter direktem Befehl des Reiches.

1895 bis 1898 Das Deutsche Reich erwirbt Nutzungsrechte für mehrere chinesische Städte, die **Hafenstadt Tsingtau** wird ab 1898 Kolonie.

1896 **»Erste deutsche Kolonialausstellung«** im Treptower Park bei Berlin. Rund 100 Afrikaner werden in einer Art Menschenzoo ausgestellt. Kamerun und Deutsch-Südwestafrika bekommen nun »Schutztruppen«.

1898 Einführung der **»Hüttensteuer«** für die Einheimischen in Deutsch-Ostafrika: Wer nicht zahlen kann, wird zu Zwangsarbeit verpflichtet. Die Steuer wird bald auch in anderen deutschen Kolonien verlangt.

1899 Deutschland kauft die **Karolinen-, Marianen- und Palauinseln** im Pazifik von Spanien.

1900 **Westsamoa** kommt unter deutsche Verwaltung.

1902 Die Douala-Oberhäupter **August Manga Bell und Dika Akwa** besuchen Berlin und überreichen Petitionen um mehr Rechte. Der Versuch des Kaisers scheitert, zwei Buchten im Nordwesten Mexikos anzukaufen.

1904 In Deutsch-Südwestafrika erheben sich **Herero und Nama** gegen die deutsche Kolonialmacht; bis 1906 ermorden deutsche Truppen etwa 75 000 Herero. Für diesen Völkermord verweigert der deutsche Staat bis heute jede Wiedergutmachung.

1905 **»Maji-Maji-Aufstand«** in Deutsch-Ostafrika, bis 1908 sterben bis zu 300 000 Menschen. Manga Bell und Akwa protestieren per Petition an die Reichsregierung gegen Gouverneur **Jesko von Puttkamer**.

1907 Bei den Reichstagswahlen siegen die Befürworter der Kolonialpolitik. Mit dem Reichskolonialamt im Auswärtigen Amt entsteht ein **Kolonialministerium.**

1911 Erneut **Petitionen gegen die deutsche Kolonialpolitik** von Togoer Würdenträgern und Geschäftsleuten sowie auch von Anführern der Kameruner Douala, etwa von Rudolf Manga Bell.

1914 Bell wird in Kamerun wegen Hochverrats angeklagt. Er und rund 200 ehemalige Amtsträger, die nun als Aufständische gelten, werden **exekutiert.** Der Erste Weltkrieg beginnt und führt vor allem in Ostafrika zu heftigen Kämpfen.

Weimarer Republik

1918 Wilhelm II. dankt ab, das Kaiserreich kollabiert. Der Sozialdemokrat Philipp Scheidemann ruft in Berlin die **Deutsche Republik** aus.

1919 Die deutschen Kolonien werden an die Mandatsmächte des neu geschaffenen **Völkerbundes** Frankreich und Großbritannien abgetreten.

1920 Das Reichskolonialamt wird aufgelöst. In den darauffolgenden fünf Jahren beginnt Deutschland mit der **»Entschädigung kolonialer Kriegsschäden«**. Die »Deutsche Gesellschaft für Eingeborenenkunde« zahlt Entschädigungen an afrikanische koloniale Soldaten.

1924 Im Auswärtigen Amt wird erneut eine **Kolonialabteilung** eingerichtet. Es gibt wieder Kolonialausstellungen.

1925 In Berlin wird die **»Liga gegen Kolonialismus«** gegründet, mit maßgeblicher Unterstützung der Kommunisten.

1926 Der Kolonialroman **»Volk ohne Raum«** von Hans Grimm erscheint. Das Buch wird in weniger als zwei Jahrzehnten mehr als eine halbe Million Mal verkauft.

1929 Die Selbsthilfeorganisation **»Liga zur Verteidigung der Negerrasse e. V.«** entsteht als Zusammenschluss von Afrikanerinnen und Afrikanern, die in Deutschland leben; in Hamburg tagt 1930 die erste »International Conference of Negro Workers«.

1931 In Genf tagt die »Internationale Konferenz für das afrikanische Kind« mit deutscher Beteiligung. **Soziales Elend** und Kindersterblichkeit in Afrika werden einer breiteren Öffentlichkeit bekannt.

1934 Die Nationalsozialisten richten ein Kolonialpolitisches Amt ein. Bis 1935 gibt es acht Kolonialausstellungen. In den Kinos laufen die **prokolonialistischen Spielfilme** »Die Reiter von Deutsch-Ostafrika« (1934), »Kongo Expreß« (1936) und »Carl Peters« (1941).

1936 »Gleichschaltung« der Kolonialverbände im von der NSDAP gelenkten **Reichskolonialbund**.

»Drittes Reich«

1939 bis 1943 Der Überfall auf die Sowjetunion im Juni 1941 wird propagandistisch auch als Beginn eines großen Siedlungsprojekts im Osten präsentiert. NS-Kolonialbeamte verfassen Pläne für ein **»Mittelafrikanisches Kolonialreich«**.

1943 Auflösung des **Kolonialpolitischen Amtes** bereits Monate vor der Kapitulation der deutschen Truppen in Tunis im Mai 1943.

1945 Die bedingungslose **Kapitulation** der deutschen Wehrmacht besiegelt das Ende aggressiver Kolonialträume.

Buch- und Filmempfehlungen

Diese Sachbücher empfehlen die Professoren und Kolonialismusforscher David Simo und Sebastian Conrad:

Rebekka Habermas: **»Skandal in Togo. Ein Kapitel deutscher Kolonialherrschaft«**. *S. Fischer, Frankfurt 2016*

Ein Skandal um einen Kolonialbeamten im Hinterland Togos erlaubt es, die Mechanismen kolonialer Herrschaft anhand einer konkreten Begebenheit zu studieren.

Jürgen Zimmerer (Hg.): **»Kein Platz an der Sonne. Erinnerungsorte der deutschen Kolonialgeschichte«**. *Campus, Frankfurt 2013*

Kolonialherrschaft veränderte nicht nur die Kolonien, sondern auch die deutsche Gesellschaft. Dieses Buch spürt Orten und Themen nach, die sich in der deutschen Imagination und Erinnerung niedergeschlagen haben.

Minu Haschemi Yekani: **»Koloniale Arbeit. Rassismus, Migration und Herrschaft in Tansania (1885–1914)«**. *Campus, Frankfurt 2019*

Die Autorin zeigt: Kolonialer Rassismus war nicht nur ein kulturelles Vorurteil, sondern tief eingelassen in das System der Herrschaft und die Arbeitsverhältnisse.

Carsten Gräbel: **»Die Erforschung der Kolonien. Expeditionen und koloniale Wissenskultur deutscher Geographen, 1884–1919«**. *Transcript, Bielefeld 2015*

Autor Gräbel ist Geograf und Historiker – und schaut den Geografen kolonialer Zeit auf die Finger: Wie arbeiteten sie, was trieb sie an?

Graphic Novels: Kolonialismus in Zeichnungen erzählt

Marion Hulverscheidt und Hendrik Dorgathen (Hg.): **»Raus Rein. Texte und Comics zur Geschichte der ehemaligen Kolonialschule in Witzenhausen«**. *Avant, Berlin 2016*

20 Kunststudierende setzten sich mit Arbeit und Wirken der deutschen Kolonialschule Witzenhausen auseinander – eine ungewöhnlich kreative Aufbereitung des Themas Kolonialismus und seiner Folgen.

»Widerstand«

Die »Initiative Perspektivwechsel« übt die »transkulturelle Begegnung« zwischen Kamerun und Deutschland. Hier erzählen Kameruner Kunstschaffende auf 146 Seiten von drei Kolonialzeiten unter deutscher, französischer und britischer Flagge. Zu haben gegen eine Spende an den Verein: bit.ly/kamerun-comic

Frederik Richter und Grégory Dabilougou: **»Made in Germany: Ein Massaker im Kongo. Eine grafische Reise zwischen Afrika und Europa«**. *CORRECTIV, Essen 2018*

Eine journalistische Reportage in Gestalt einer Graphic

Novel: Der afrikanische Künstler El Marto und der deutsche Journalist Frederik Richter spüren den Wurzeln und Spuren des Kolonialismus in Deutschland nach – und finden seine Auswirkungen auch im heutigen Afrika.

Film: Augen auf!

Kluge Dokumentationen zum Kolonialismus sind selten Blockbuster, niemand streamt sie, als DVD kann man sie nicht kaufen. Die gute Nachricht: Die besten werden gelegentlich wiederholt. Hier ein paar Tipps für Ungewöhnliches, nach dem man im TV-Programm oder Programmkino Ausschau halten sollte:

»Die Wilden in den Menschenzoos« von Pascal Blanchard et al., 2018. Leben und Sterben in Völkerschauen: So eindrucksvoll wie erschütternd, stand in den vergangenen zwei Jahren sechsmal im Arte-Programm.

»Kolonialmama« von Peter Heller, 2009. Der Autor spürt seiner kolonialen Familiengeschichte nach – eine komplett andere Perspektive.

»Heia Safari. Die Legende von der deutschen Kolonialidylle in Afrika« von Ralph Giordano, 1966. Diese WDR-Dokumentation brachte die Auseinandersetzung mit der kolonialen Vergangenheit erstmals auch ins deutsche Wohnzimmer.

Autor*innenverzeichnis

Dr. Kokou Azamede ist Historiker und lehrt an der Universität Lomé, Togo.

Dr. Felix Bohr ist Redakteur im Ressort SPIEGEL Geschichte.

Jan Friedmann ist SPIEGEL-Korrespondent in München.

Johann Grolle ist Redakteur im Wissenschaftsressort des SPIEGEL.

Solveig Grothe ist Redakteurin im Ressort SPIEGEL Geschichte.

Christoph Gunkel ist Redakteur im Ressort SPIEGEL Geschichte.

Ruth Hoffmann ist freie Journalistin in Hamburg.

Dr. Katja Iken ist Redakteurin im Ressort SPIEGEL Geschichte.

Harald Justin ist freier Journalist in Wien.

Nils Klawitter ist Redakteur im Wirtschaftsressort des SPIEGEL.

Uwe Klußmann war Redakteur im Ressort SPIEGEL Geschichte.

Dr. Danny Kringiel ist Redakteur im Ressort SPIEGEL Geschichte.

Leonie March ist freie Korrespondentin in Südafrika.

Frank Patalong ist Autor im Ressort SPIEGEL Geschichte.

Dr. Johannes Saltzwedel war Redakteur im Ressort SPIEGEL Geschichte.

Antonia Schaefer ist freie Journalistin in Hamburg und in Cali (Kolumbien).

Prof. Dr. Ulrike Schaper ist Juniorprofessorin für Global History am Friedrich-Meinecke-Institut der FU Berlin.

Dr. Eva-Maria Schnurr ist Leiterin des Ressorts SPIEGEL Geschichte.

Dank

Unser besonderer Dank geht an unseren ehemaligen Kollegen Uwe Klußmann, der als langjähriger Redakteur im Ressort Geschichte und als Kenner der deutschen Kolonialgeschichte das dieser Ausgabe zugrunde liegende Heft von SPIEGEL GESCHICHTE mit uns konzipiert und erarbeitet hat. Seine Expertise und Ideen flossen auch in dieses Buch ein.

Zudem konnte dieser Band nur entstehen, weil viele kluge und sorgsame Kolleginnen und Kollegen die Autor*innen unterstützt haben. Das von Cordelia Freiwald und Kurt Jansson geleitete SPIEGEL-Dokumentationsteam prüfte die Beiträge gewohnt sicher und umsichtig auf sachliche Richtigkeit. Mit unermüdlicher Freundlichkeit besorgten die Bibliothekare Johanna Bartikowski und Heiko Paulsen umfangreiche Fachliteratur.

Anke Wellnitz besorgte die Bildauswahl. In der Schlussredaktion prüften Christian Albrecht, Gartred Alfeis, Lutz Diedrichs, Katharina Lüken und Sandra Waege den Text noch einmal auf Stimmigkeit. Heike Kalb, Kathrin Maas und Elke Mohr im Sekretariat sorgten für den reibungslosen Ablauf.

Rieke Gellert beim SPIEGEL und Karin Kirchhof bei der DVA haben das gesamte Buchprojekt betreut; für die Herstellung war Andrea Mogwitz verantwortlich. Ihnen allen gilt unser herzlicher Dank für die rundum erfreuliche Zusammenarbeit.

Hamburg, im Frühjahr 2022
Eva-Maria Schnurr und Frank Patalong

Register

Anmerkung: Die zeitgenössischen Namen von Kolonien und die Namen der heutigen Staaten werden parallel verwendet. Es empfiehlt sich daher, unter beiden Begriffen zu suchen. Bei besonders häufig verwendeten Namen wurde ein Hinweis angebracht.

Bildnachweis

Vorsatz: picture alliance/imageBROKER
S. 28: Ullstein Bild
S. 35: SZ Photo/Scherl
S. 57: Bpk – Bildagentur, bpk/Kunstbibliothek, SMB/Knud Petersen
S. 61: Bundesarchiv, Bild 116-127-044
S. 105: Bildarchiv der Deutschen Kolonialgesellschaft, Universitätsbibliothek Frankfurt am Main, Bildnr. 003-1039a-09
S. 131 Bundesarchiv, Bild 146-2014-0007
S. 143: Keller, Jakob: Mr, »[Untitled]«, BMArchives
S. 163: Robert Koch-Institut, Signatur 3110139
S. 181: Hakenmüller: https://commonS. wikimedia.org/wiki/File:J._Hakenmüller_-_Deutsche_Kolonialgesellschaft_(3.jpg, https://creativecommons.org/licenses/by-sa/4.0/legalcode
S. 195: Rheinisches Bildarchiv Köln, Foto: Wolfgang Meier
S. 205 und Nachsatz: Vitjitua Ndjiharine

Wie große Unternehmerfamilien von Fugger bis Quandt unser Land geprägt haben

256 Seiten
ISBN 978-3-421-04886-8
Dieses Buch ist auch als E-Book erhältlich

Henkel, Porsche, Miele, Krupp oder Faber-Castell, diese Namen sind allseits bekannt. Doch wer sind die Familien, deren Erzeugnisse seit Jahrzehnten, teils seit Jahrhunderten – nicht immer zu Recht – für deutsche Qualität und Wertarbeit stehen? Unternehmerdynastien prägten nicht nur die deutsche Wirtschaft, sondern das ganze Land. Sie beeinflussten die Politik, trieben technische und soziale Entwicklungen voran und gründeten sogar ganze Städte. Dieses Buch erzählt von den wichtigen Familien der deutschen Wirtschaft: Wie sie reich und mächtig wurden, welche Streitigkeiten sie auszustehen hatten – und wo sie scheiterten.

DVA

Als die namibische Künstlerin Vitjitua Ndjiharine ihren Vater das erste Mal nach der Kolonialzeit fragte, sagte er: »Die Weißen nahmen uns unseren Glauben. Sie gaben uns Bibeln, sagten, wir sollten die Augen schließen. Dann nahmen sie uns das Land weg.« (s. Seite 200–209).